LA RÉPUBLIQUE

ET LE

RÉGIME PARLEMENTAIRE

PROJET DE REVISION

PAR

LE DOCTEUR ROBINET

Membre de la Société des Droits de l'Homme et du Citoyen

(Déposé le 10 octobre 1888)

> La République est au-dessus du suffrage
> universel, au-dessus du plébiscite, elle
> est antérieure et supérieure à l'exercice
> de la volonté générale, qu'elle seule ins-
> titue et permet.

PARIS

IMPRIMERIE Vᵉ P. LAROUSSE ET Cⁱᵉ

19, RUE MONTPARNASSE, 19

1889

En 1870-71 la République a sauvé l'honneur national livré par l'Empire.

De 1871 à 1889, elle a assuré à la France, outre les libertés et les droits politiques, dix-huit années de tranquillité intérieure et de paix extérieure.

Elle a refait, avec le concours dévoué des Chambres, l'opiniâtre travail de nos meilleurs généraux, le bon vouloir de nos jeunes soldats et l'effort de tous les contribuables, elle a refait notre matériel de guerre et le personnel de notre armée, une ligne formidable de défense allant de Dunkerque à Nice, un contingent militaire annuel tel que la patrie n'en a jamais connu de pareil !

Elle a régénéré l'enseignement national, surtout l'enseignement primaire (matériel, personnel, méthodes et programmes).

Elle n'a cessé, dans ses lois et réformes sur l'assistance publique et les garanties du travail, de témoigner de sa sollicitude, effective, ressentie, réelle, pour le peuple.

Elle a changé deux fois, sans péril et sans secousse, le chef du pouvoir exécutif.

Elle a fait pour le pays plus qu'aucune des monarchies qui l'ont précédée !

C'est ce régime, susceptible de toutes les améliorations, mais auquel on peut justement reprocher de ne pas savoir se défendre, qu'il faut modifier au plus vite sur ce point essentiel.

Voilà, surtout, ce que nous entendons par revision.

R.

Lorsque la fondation de la Société des Droits de l'Homme et du Citoyen fut proposée à la réunion du Grand-Orient, il resta bien entendu que son but essentiel et le plus immédiat était de combattre l'entreprise plébiscitaire et d'y mettre fin, si possible, encore que son fauteur principal se fût déclaré partisan de la politique revisionniste.

En effet, M. Boulanger, sous couleur antiparlementaire, veut la revision dans le sens monarchique, avec et pour les monarchistes ; il ouvre la porte au despotisme sous toutes ses formes : empire, royauté, *dictature militaire*. Tandis que le parti républicain ne veut et ne peut modifier la constitution, c'est-à-dire reviser, que dans le sens républicain ; il ferme la porte à toute monarchie : royauté, empire, militarisme.

Mais, quant à la nature de la revision elle-même ou de l'organisation progressive de la République, il n'a pas été moins formellement dit, rue Cadet, que chaque groupe constituant, voire chaque adhérent, conserverait son programme et resterait libre de son action, en dehors du but principal et commun de la Société : *la lutte contre le boulangisme*.

C'est donc en vertu de cette décision, et parce qu'il a été annoncé par le comité directeur, postérieurement à la première réunion générale, que tout membre de la Société des Droits de l'Homme et du Citoyen pourrait lui adresser, sous forme de mémoire ou autrement, ses vues sur l'opportunité et la nature de la revision, que je me suis cru autorisé à déposer sur le bureau de notre ligue le résumé des modifications constitutionnelles qui me paraissent désirables et même urgentes pour consolider définitivement la République.

Après la déplorable élection des 4-25 octobre 1886, je m'étais cru obligé, considérant une pareille démarche comme un devoir, d'appeler l'attention de mes concitoyens sur la gravité d'un tel accident, sur le danger qui en résultait et sur les moyens d'y parer.

C'est dans un journal républicain, *l'Estafette*, que je soumis, du 5 au 13 juillet, mes vues à ce sujet. Je ne pensais pas, toutefois, que le mal s'accroîtrait assez rapidement pour permettre, quelques mois plus tard, la venue d'un providentiel, d'un sauveur, la concurrence d'une dictature militaire.

Rien n'est plus vrai cependant, et voici notre République qui, de fascinations en désillusions, de défaillances en fautes et en tâtonnements de tous genres, par des divisions croissantes et qui paraissent malheureusement incurables, se trouve pourvue, outre ses trois cents députés et sénateurs contre-révolutionnaires et sans parler des fonctionnaires de tous ordres qui lui sont ouvertement hostiles, du plus inattendu des prétendants !

Aucun événement, vu l'accueil que l'ex-général qui compte toujours reprendre son épée a reçu des anciens partis, ne pouvait justifier plus gravement, aussi douloureusement nos appréhensions. — Certes, notre cri d'alarme, pour si peu qu'il vaille, était absolument fondé.

On se croyait à la période d'état du régime républicain, et tous, libéraux, opportunistes, radicaux, socialistes, pensaient à se fixer, à tirer un peu plus la couverture de leur côté, quand retentit, sinon encore le glas funèbre des réactions triomphantes, tout au moins le signal d'alarme des guerres sociales, le redoutable cri des foules soulevées, emportées, aveuglées par quelque mirage décevant, *en mal de servitude*, et se ruant d'instinct, — contre tout bon sens et contre toute raison, — à la conquête d'un Maître : vive Boulanger, vive Napoléon !

Voilà comment et pourquoi j'ai été amené à présenter au bureau de la Société ce mémoire qui n'est que la reproduction amendée et développée des considérations que j'avais publiées dans *l'Estafette* en 1886, sous ce titre : *La République et le régime parlementaire*.

Car il ne s'agit plus aujourd'hui de disputer entre nous pour savoir ce qu'on peut encore enlever à l'État au profit de l'individu : il s'agit de défendre la République elle-même et de l'armer contre ses ennemis. Il s'agit de savoir si nous saurons la maintenir en lui donnant une organisation forte, raisonnable et pratique ; ou bien si, pour satisfaire à une vaine et fallacieuse doctrine, à une tradition qui compte déjà tant de désastres, nous allons encore une fois la laisser reprendre, comme il arriva en 1800 et 1851, par les loups dévorants de la monarchie et du cléricalisme entraînant avec eux, cette fois, la patrie anéantie, au fond de l'abîme où vont se perdre les nationalités condamnées ?...

PREMIÈRE PARTIE

TÉMOIGNAGES

ET

AVERTISSEMENTS HISTORIQUES

I

Un des préjugés les plus répandus et les moins fondés que les étrangers aient à notre égard, — et nous ne sommes pas persuadés que, dans ce pays même, il ne soit pas partagé par certaines personnes, — c'est celui de la prétendue versatilité politique du Français.

N'ayant pas suffisamment observé à ce sujet, on s'est fait, *a priori*, une opinion aussi erronée qu'absurde ; on a cru, en présence des mutations fréquentes qui ont eu lieu dans la forme de notre gouvernement depuis 1789, royauté constitutionnelle, république, empire, restauration, monarchie de Juillet, seconde république, second empire et troisième république, que c'est la totalité des Français qui s'était chaque fois, *vice versa*, et par simple caprice, prononcée pour ces changements d'État, sans autre raison que son bon plaisir.

On n'a pas vu que ce sont, au contraire, des éléments très divers de la population, des groupes très différents les uns des autres, qui, d'après des impulsions profondes et cachées, d'après des traditions déjà séculaires et d'après des tendances politiques arrêtées dès avant la Révolution et tout à fait opposées aux anciennes habitudes et aux antiques intérêts de caste, agissant, nous le répétons, sur des catégories *fixes et antagonistes* composant le peuple français, qui ont combattu depuis le commencement du siècle et soutenu l'immense effort de transformation qui devait nous mener de l'*ancien régime*, du système catholique et féodal en pleine décadence, à la constitution normale de la société moderne, au système scientifique-industriel correspondant à l'âge mûr de notre développement collectif.

On ne s'est donc pas rendu compte de ceci : que les luttes acharnées qui ont caractérisé jusqu'à présent cette transition orageuse ne sont point un effet de la soi-disant frivolité française, de l'arbitraire et de l'instabilité que l'on reproche si souvent et si vainement à notre race, mais qu'elles résultent, au contraire, de l'âpre et opiniâtre fixité qu'apportent dans leur compétition réciproque les éléments sociaux représentant, chez nous, depuis plus d'un siècle, la lutte persévérante entre le passé qui s'éteint et l'avenir qui s'élève, ou bien encore entre l'ordre et le progrès, entre la monarchie et la république.

Rien, plus que la funèbre et sanglante histoire de la réaction royaliste, *première terreur blanche*, qui sévit en l'an III et en l'an IV par toute la France, mais principalement dans le Midi (bien plus qu'en 1815), ne peut donner une idée de cet antagonisme.

Nous nous proposons de la rappeler à grands traits, pour en tirer les conséquences qui intéressent directement notre époque.

Comment expliquer le revirement qui fit passer la France, en 1804, de la République à l'Empire? Comment ce pays, qui était jacobin à la veille du 9 thermidor, se trouva-t-il monarchiste le lendemain?

Le premier fait à rappeler, c'est que, par suite des dissensions civiles, des compétitions de parti et des animosités individuelles qui se développèrent au cours des événements, depuis 1789, l'état-major de l'armée de la Révolution avait été profondément décimé, sinon anéanti, d'après les condamnations successivement prononcées contre les girondins, les hébertistes, les dantonistes et les robespierristes eux-mêmes.

Avec Danton, la haute direction et la principale force de ralliement qui aient influé sur la politique républicaine s'étaient trouvées supprimées; et, après thermidor, on ne s'en prit plus seulement aux chefs, mais à la masse décapitée du grand parti jacobin.

Non seulement dans la Convention et dans ses comités, mais bientôt dans toute la France et jusque dans les moindres communes, la puissance politique, par l'extermination et la dispersion des républicains, revint aux royalistes, aussi bien dans les assemblées de section, dans les conseils des communes, dans les comités de surveillance et dans les comités révolutionnaires locaux que dans tous les postes administratifs réservés à l'élection.

Ce changement capital s'accomplit soit par le jeu normal du suffrage universel, les monarchistes reprenant courage à mesure que leurs adversaires faiblissaient, soit par la réaction violente, par les condamnations judiciaires et les assassinats qui sévirent impunément aux années III, IV et V de l'ère républicaine, sur tout ce qui avait marqué dans le mouvement révolutionnaire.

Ce qui restait fut achevé par les exécutions militaires et les transportations qui eurent lieu sous le Consulat! De sorte qu'il n'y eut plus, comme éléments capables de compter en politique, parmi les débris de la période républicaine militante, que les individualités assez souples et assez habiles pour s'accommoder avec un égal succès à tous les régimes ; personnalités dont Talleyrand, Sieyès, Fouché, Cambacérès et quelques autres sont les types les plus illustres.

C'est ainsi qu'en 1804, lorsque Bonaparte voulut se faire empereur, il ne restait plus en France, même dans l'armée, grâce à l'expédition de Saint-Domingue et autres attentats du même genre, de force révolutionnaire, ni personnelle ni collective, capable de s'y opposer effectivement et de lui faire échec ; sans quoi il ne serait pas arrivé.

Tout ce qui avait pris une part active à l'immense, bienfaisante et glorieuse transformation de la société française à la fin du XVIIIe siècle, était mort, exilé ou proscrit.

Ironie du temps : c'est ce demi-sauvage devenu Napoléon Ier qui fut appelé par la force des choses à recueillir l'héritage des *Philosophes* et de la Convention nationale !

La première constatation officielle de cette réaction subite et bientôt furieuse qui suivit le 9 thermidor se produisit, croyons-nous, à la Convention, le 11 septembre 1794 (25 fructidor an II) ; une députation de la Société des Jacobins se présenta à la barre et donna lecture d'un grand nombre d'adresses de sociétés populaires, venues de toutes les parties de la France, et contenant des plaintes énergiques contre l'audace du modérantisme et de l'aristocratie ; celle de Grenoble, entre autres, disait en propres termes que l'on voulait détruire les Jacobins pour arriver à la destruction de la République.

Soutenant les pétitionnaires, Collot-d'Herbois monta à la tribune : « Les routes, dit-il, sont couvertes de patriotes que les représentants *trompés* envoyent aux tribunaux. On voit dans les sections les patriotes attaqués par les aristocrates. Des émigrés font retenir leurs logements. Il est temps d'ouvrir les yeux, de ressaisir les rênes du gouvernement d'une main hardie et ferme, de rendre aux patriotes leur énergie et d'imposer silence aux aristocrates. »

Le 18 du même mois (septembre 1794) eut lieu la première échauffourée de la *Jeunesse dorée* contre les sans-culottes, dans le jardin du Palais-Royal aux cris de : « *A bas les Jacobins ! à bas les Intrigants ! à bas la queue de Robespierre !* »

Peu de temps après, la République recevait deux blessures mortelles, dont elle ne tarda pas à ressentir l'effet : le club des Jacobins était fermé ; les Girondins détenus et les Girondins proscrits étaient autorisés à reprendre leur place dans la Convention. *Le 31 mai était condamné, flétri par décret.*

En même temps et par un contre-coup inévitable, tous les députés qui s'étaient signalés par un concours exagéré ou seulement énergique au système de la dictature décemvirale étaient, à leur tour, guillotinés ou proscrits, transportés hors du territoire de la République.

Puis vinrent les lois sur la police des sociétés populaires, sur la levée des séquestres, sur l'annulation et la réparation des confiscations judiciaires, sur l'amélioration de la situation des émigrés; la suppression du *maximum*, au moment où l'agiotage créait une famine factice au milieu de l'abondance assurée par les récoltes inouïes de 1794; la loi de grande police, etc., etc.

C'est ce formidable recul, qui amena dans toute la France et surtout dans le Midi la terreur connue et désignée sous le nom de réaction thermidorienne, que nous allons résumer.

Sans parler de Paris, où, cependant, grâce à la connivence des autorités, les *Incroyables*, les *Merveilleux*, les *Muscadins*, la *Jeunesse dorée*, eurent bientôt pris le pas sur les sans-culottes, qu'ils assommaient impunément en plein midi et qui se trouvèrent complètement affamés, *désarmés*, décimés et réduits après les journées de germinal et de prairial et depuis la condamnation à mort et la proscription des derniers Montagnards, nous rappellerons brièvement que partout les réactionnaires, plus ou moins vite et plus ou moins ouvertement, avec plus ou moins de sang et de représailles, reprirent définitivement le terrain perdu par les républicains, presque entièrement disparus.

Nos archives nationales sont remplies de documents décisifs sur ce revirement lamentable, qui attend encore la lumière de l'histoire.

Lorsque nous disons que la réaction thermidorienne fut surtout un mouvement royaliste, nous ne faisons qu'énoncer un fait général notoire, et nous n'ignorons pas qu'au début ce qui restait du groupe dantoniste s'y associa par esprit de vengeance: c'était dans la logique des passions humaines ! Mais ce n'est certainement pas lui qui donna à ce mouvement le caractère monarchique qu'il devait bientôt acquérir sous la direction des Girondins.

C'est en foi de pareils événements que le député Legendre, qui, comme Tallien, Thuriot, Lecointe, Courtois, Dubois-Crancé et beaucoup d'autres patriotes, avait fait le 9 thermidor contre la tyrannie de Robespierre, et poussé les représailles, au nom des assassinats commis sur Danton, Desmoulins, Hérault de Séchelles, Fabre d'Églantine et tant d'autres, jusqu'à la punition des anciens décemvirs, Collot, Barrère, Billaud, s'écriait, à la séance du 1er messidor an III (19 juin 1795), sans doute pour essayer de mettre un frein à la réaction :

« Il est temps, enfin, que la Convention nationale rappelle son énergie du 1er germinal. Il faut savoir si les comités de gouvernement gouvernent, *ou si ce sont les sections de Paris*? (On applaudit.)

« Il faut que celles-ci laissent de côté les haines et les vengeances particulières qui ont pu les diriger dans quelques arrestations et qu'elles laissent à la sagesse des comités à corriger leurs erreurs.

« Punissons les buveurs de sang, les scélérats, les voleurs, *mais gardons-nous de confondre avec eux les patriotes chauds, énergiques, exaltés même, qui ont rendu de si grands services à la Révolution sans jamais la souiller de crimes.* Distinguons avec soin les auteurs des événements désastreux sur lesquels nous avons gémi, des citoyens qui n'y ont pas pris une part active. Songeons aux abus que l'on a faits du nom de Fédéraliste, *et craignons qu'un semblable abus du nom de Terroriste ne renouvelle les persécutions et ne relève les échafauds.*

« Que le Comité, avant de prononcer l'élargissement d'un citoyen, s'adresse, s'il le croit utile, à la section qui l'a fait arrêter, pour en recevoir des renseignements ; qu'il accueille ceux qui lui parviendront par la voie des vrais patriotes, *mais qu'il rejette avec horreur les conseils astucieux de la haine et de la vengeance.*

« Je m'oppose à l'insertion demandée du rapport de Pierret au *Bulletin,* car ce serait donner à penser que le Comité rend compte de sa conduite aux sections de Paris et non à la Convention nationale [On applaudit] (1). »

II

C'est à Lyon, théâtre encore sanglant du martyre de Châlier et de la répression de l'insurrection royaliste, que commencèrent, peu de temps après le 9 thermidor, les massacres de républicains ; et ils y continuèrent *pendant plusieurs années,* à ciel ouvert, sans qu'on puisse fixer le chiffre des victimes, et sans que les auteurs en aient été autrement inquiétés ou punis. Lorsque les assassins arrivaient à être traduits devant quelque autorité, ils s'en retournaient indemnes.

« Lyon se rua le premier sur les prisons, et en un moment massacra ou brûla tout ce qu'elles renfermaient. Faibles représailles, disait-on, des fusillades des Brotteaux ! Les tueurs furent couronnés de fleurs et applaudis dans les théâtres (2). »

Il fut publié dans cette ville, au commencement de l'an III (septembre 1794), une liste in-4° à deux colonnes, avec les noms des anciens jacobins *soupçonnés* d'avoir fait quelque dénonciation aux comités, commissions et tribunaux révolutionnaires. En regard, on inscrivait le nom des personnes *supposées* dénoncées et qui, par suite, avaient été molestées, guillotinées ou fusillées.

(1) *Moniteur,* numéro 275, messidor an III.
(2) Edgar Quinet, *La Révolution.* T. II. page 261.

Avec cette liste, la *jeunesse dorée* de Rhône-et-Loire traquait les *mathevons*, les jacobins, de porte en porte, les faisait sortir comme pour les conduire à la maison commune, et les égorgeait ou les assommait avant d'y arriver.

Les blessés, avant de mourir, subissaient souvent des mutilations et des tortures diverses. Leurs cadavres étaient traînés avec des cordes ou derrière une voiture jusqu'au Rhône, puis jetés à l'eau. Les femmes ne faisaient pas exception, et le dépouillement des victimes accompagnait le plus souvent le meurtre. Pas une voix ne s'élevait pour blâmer ou arrêter le cours de ces actes sauvages.

« Quelquefois, comme à Marseille, on affaiblit les prisonniers plusieurs jours d'avance par la famine; épuisés, ils seront incapables de résister ou même d'échapper. On prépare le soufre pour ensoufrer les cachots de ceux qui refusent d'ouvrir...

« On assassine sans autre forme que l'assassinat, et les meurtriers ne se contentent pas de tuer, ils s'acharnent sur les cadavres; le plus souvent, on ne les abandonne qu'après les avoir rendus méconnaissables (1). »

A Bourg, on attendait les charrettes au pont de Jugnon, où les prisonniers, garrottés, étaient assommés à coups de bâton et jetés à l'eau.

Dans la soirée du 5 mai 1795, à Lyon, la jeunesse dorée, au sortir des spectacles, et sans doute impatiente de n'avoir jusqu'alors assassiné qu'en détail, se donna rendez-vous aux prisons et y massacra en masse quatre-vingt-dix-sept détenus, arrêtés sous l'inculpation de terrorisme, dont cinq femmes.

Dans l'une des maisons d'arrêt, les prisonniers s'étaient énergiquement défendus. On y mit le feu, et tous périrent par les flammes.

Toutefois, il y a peut-être pis que cette exécrable pratique : c'est le cas d'un vieux républicain de Sisteron, Breyssard, administrateur du district, qui périt au mois de brumaire an III.

Après l'avoir arraché de son lit, où le retenait un accès de goutte, des gendarmes l'emmenèrent, sur un cheval, de Touardh à Sisteron, et, chemin faisant, ils le livrèrent sans défense à un parti d'assassins qui l'attendaient sur la route.

Trente individus l'assaillirent à coups de pierres, de bâton, de sabre et de pistolet, et le laissèrent pour mort sur la place.

Néanmoins, des personnes charitables étant venues à passer, s'aperçurent qu'il respirait encore et le portèrent jusqu'à l'hôpital.

Mais, à la nuit, un certain Mévholan, secrétaire du représentant en

(1) Edgar Quinet. *Loc. cit.*

mission Gauthier, et l'âme de la terreur royaliste dans cette région, envoya ses sicaires à la maison de secours, pour achever le moribond.

Ceux-ci enlevèrent l'appareil qui recouvrait ses plaies, puis ils le roulèrent dans un drap de son lit et le frappèrent à coups redoublés contre les murs et sur le plancher. Enfin, comme il poussait encore quelques gémissements, ils le traînèrent sur le gravier des chemins jusqu'à la Durance, le coupèrent en morceaux et en semèrent les débris sur le bord du fleuve, où, huit jours après, les chiens et les vautours s'en arrachaient encore les lambeaux.

Les mêmes attentats furent bientôt répétés, mais en grand, à Marseille, Aix, Toulon, Tarascon, et l'on peut dire que presque toutes les communes de l'ancien Comtat-Venaissin et de la Provence devinrent ainsi la proie des égorgeurs.

Il y eut ceci de particulier que les assassins venus soit des villes, soit des campagnes, furent organisés en compagnies dites de Jéhu ou du Soleil et qu'elles furent poussées, armées, dirigées, autorisées par les députés girondins successivement envoyés dans le Midi, à cette époque, en qualité de commissaires de la Convention, *pour le vacifier!* Isnard, Chambon, Latour, Cadroy, Guérin, Mariette, Jourdan, Gauthier, Durand-Maillanne.

C'est eux qui demeurent principalement chargés et responsables devant la postérité des crimes commis dans cette région par haine et par vengeance politiques, depuis la fin de l'année 1794 jusqu'à la deuxième mission de Fréron dans les départements de Vaucluse, du Var, des Basses-Alpes, des Bouches-du-Rhône, en 1796 ; cette persécution avait pour but avoué la *destruction totale des républicains.*

« Que des hommes se soient vengés eux-mêmes et que la terreur rouge ait amené la terreur blanche, cela ne peut étonner. Ce qui surprendra toujours, c'est l'indifférence de la Convention thermidorienne au cri des victimes, c'est son refus de poursuivre ou d'arrêter les assassins. A vrai dire, ses membres en mission, Isnard, Cadroy, Chambon, Durand-Maillanne, parurent plutôt présider aux massacres que les empêcher.

« Quand on songe que cette Assemblée, qui savait si bien frapper, ne fit sérieusement le procès à aucun des égorgeurs, qu'elle attendit patiemment qu'ils fussent eux-mêmes fatigués de meurtres, il faut reconnaître que les modérés surpassèrent de beaucoup les terroristes dans l'art d'exterminer froidement leurs adversaires. Ils se contentèrent de demander des rapports, des correspondances, des pièces officielles, et, par là, ils prenaient un masque de justice. En attendant, ils laissaient couler le sang à flots, ne se jugeant jamais assez éclairés pour arrêter le carnage.

« Il arriva ainsi que, sans tenir la hache, et même avec une apparence de pitié illusoire, ils laissèrent exterminer par d'autres leurs ennemis, ce qui est le chef-d'œuvre dans l'art de se venger.

« Quand enfin les massacres s'arrêtèrent d'eux-mêmes par lassitude, par dégoût, ou faute de victimes, que vit-on alors? Personne n'était responsable des meurtres! Aucun nom n'était prononcé; l'horreur ne s'attachait à aucun individu. La réaction, œuvre anonyme, était toute-puissante; ses barbaries, ne remontant à personne, ne se retournèrent jamais contre elle. Bientôt on nia, plus tard on oublia (1). »

A Marseille, le sang commença à couler le 11 décembre 1794 (1er nivôse an III), par le meurtre d'un jeune volontaire de dix-neuf ans, tué à coups de baïonnette en plein jour, par douze Enfants du Soleil.

Depuis cette époque jusqu'au 17 septembre 1795 (1er jour complémentaire), les procès-verbaux relèvent, entre autres, dans la même cité ou ses environs, quarante-trois assassinats isolés commis sur des personnes des deux sexes et de différentes conditions, militaires, gendarmes nationaux, anciens administrateurs, etc., accusés de jacobinisme.

Mais, à la date du 23 floréal an III (1795), commencèrent les tueries par fournées.

Ce fut d'abord le massacre des Marseillais, hommes et femmes (il y eut même un enfant à la mamelle), qui avaient été jetés dans la prison d'Aix pour y être jugés par le tribunal criminel, sous l'inculpation de terrorisme.

Cette extermination se fit en plein jour, avec des raffinements inouïs de cruauté, sans que la force armée qui gardait la maison d'arrêt soit intervenue réellement, non plus que la municipalité, et sans que les commissaires de la Convention aient envoyé aucun ordre pour s'y opposer.

Les 17, 18 et 19 mai 1795, massacre des Toulonnais, la plupart ouvriers de l'arsenal, sur la route de Marseille, et exécution, sur l'échafaud, de tous les prisonniers faits dans cette rencontre par les bataillons réactionnaires de la cité phocéenne, sous la conduite de Cadroy, Isnard, Guérin et Chambon.

Dans la nuit du 25 au 26 mai, massacre des détenus républicains du fort de Tarascon, toujours par les compagnies de Jéhu et du Soleil. Vingt-quatre victimes. Grande *farandole* à laquelle prenaient part les égorgeurs.

A Marseille encore (9 prairial an III), de midi à dix heures du soir,

(1) Edgar Quinet. *Ibidem.*

deux cents détenus suspects de jacobinisme sont tranquillement et impunément mis en pièces par la compagnie du Soleil, au fort Saint-Jean, avec des détails atroces.

Le girondin Cadroy, homme sensible et modéré, comme tous les réacteurs, présidait à ces scènes de sang : « Enfants du Soleil, dit-il aux égorgeurs, je suis à votre tête, je mourrai avec vous s'il le faut. Mais est-ce que vous n'avez pas eu assez de sang? Cessez! il y en a assez. » Et comme les massacreurs l'entouraient en poussant des vociférations : « Je m'en vais, faites *votre ouvrage*, » leur cria-t-il. Puis il fit remettre en liberté quelques-uns de ces braves *travailleurs de prairial* dont les écrivains royalistes, tout à ceux de septembre, ont par trop négligé de nous raconter les prouesses, et que, pour le moment, des grenadiers nationaux avaient arrêtés, les ayant pris en train de *travailler*.

N'oublions pas de dire que dans toutes ces exécutions le dépouillement des cadavres continuait d'être pratiqué.

Après cette boucherie, il y eut encore, au fort de Tarascon, un massacre de vingt-trois patriotes qui furent jetés, comme leurs devanciers, du haut de la tour dans le Rhône, après avoir été mis en pièces (1).

D'après le récit du « bon Prudhomme » (2), qui raconte par le menu la plupart des atrocités commises dans ces journées sanglantes, le nombre des victimes du fort de Tarascon et des prisons d'Aix monterait à trois cent cinquante, et le total de celles qui ont péri dans tout le Midi en l'an III et en l'an IV, pendant la terreur royaliste, devrait être porté à sept cent cinquante.

Ce chiffre n'a rien d'exact, d'après Prudhomme lui-même, qui, à chacun de ses totaux, mentionne un stock de victimes qu'il n'a pas été possible de dénombrer.

D'ailleurs, cet auteur ne parle que des villes, et l'on n'ignore pas, on sait même pertinemment qu'il n'est peut-être pas de village et de hameau, où, après le 9 thermidor, il n'y ait eu des vengeances meurtrières.

« Les villes rassasiées de meurtres, ce fut au tour des campagnes : chaque village imita la ville. Là on ne peut égorger en masse; mais

(1) V. *Histoire parlementaire*, t. XXXVI, et le *Mémoire historique sur la réaction royale et sur les massacres du Midi*, par Stanislas Fréron, ancien député de la Conv. nat., etc.

(2) *Histoire générale et impartiale des erreurs, des fautes et des crimes commis pendant la Révolution française*, etc.

Edgard Quinet, *La Révolution*, voir tout le livre XXe : La Réaction. — Archives nationales.

on tue isolément, selon que l'occasion s'offre, dans les champs, dans l'intérieur des maisons, sur le seuil, de loin à coups de fusil, ou avant que la victime ait pu gagner la prison, ou si elle se montre à la fenêtre. On tue pendant l'interrogatoire; on tue avant et après le jugement; car le trait particulier des réacteurs de ce temps, c'est qu'on n'eût pas été satisfait par l'échafaud; il eût trop manqué à la vengeance, si l'on ne se fût défait soi-même de son ennemi (1). »

C'est pourquoi, d'après l'ensemble de tous ces faits, les principaux historiens ont estimé que les représailles contre les révolutionnaires non seulement présentèrent un caractère plus personnel et plus acharné, mais qu'elles furent aussi plus sanglantes que la terreur jacobine, qui, du moins, avait une raison d'être publique et légitime : la défense nationale; un grand caractère social : la transformation nécessaire de l'ancien régime; enfin, et même pour les massacres de septembre, des formes juridiques qui permirent bien des acquittements.

« Quel fut le nombre des victimes de la réaction thermidorienne? s'écrie Ed. Quinet. Vous ne le saurez jamais. Les réacteurs n'eurent pas la folie d'afficher les listes de ceux qu'ils tuaient, ils ont su se soustraire à l'histoire; point de tribunaux ni même de simulacres, point de procédure, de documents écrits (2). Aucun moyen à la postérité de constater et de retrouver le vrai. Des meurtres, des boucheries, puis le silence et l'oubli; un retentissement vague bientôt étouffé..... »

Ceux qui, à Paris, Lyon, Toulon, Tarascon, Arles, Marseille, etc., s'enrôlèrent dans la Jeunesse dorée et les compagnies de Jéhu ou du Soleil, ou qui figurèrent au camp de Jalès, avaient marqué dans le mouvement de réaction qui, depuis le 10 août 1792, s'était donné pour tâche d'empêcher par tous les moyens, *per fas et nefas*, l'établissement de la République, *et de relever la monarchie avec l'aide de l'étranger!*

Tous, notamment à Lyon, Toulon et Marseille, avaient pactisé avec la coalition et souscrit avec l'étranger les marchés les plus honteux et les plus criminels, les pactes les plus attentatoires à l'unité et à l'indivisibilité nationales, notamment avec les Anglais! Au point de vue du droit des gens et de tous les codes politiques et militaires, ces faux Français étaient des traîtres à la patrie, absolument dignes de la peine capitale.

---

(1) Edgard Quinet, *La Révolution.*

(2) Faut-il donc leur faire un mérite de s'être ainsi dérobés à la responsabilité et cachés comme des criminels? Quant à nous, nous tenons à honneur la publicité que la *justice révolutionnaire* a su donner à tous ses actes. — Il y a là la différence d'une institution sociale à un délit de droit commun. — R.

Ce point d'histoire, incontestable, met hors de doute, à nos yeux, le caractère criminel de la *terreur blanche* et la légitimité de la *terreur rouge....*

Pour éviter le démembrement de la France et pour la sauver de l'étranger, des émigrés et des prêtres réfractaires, etc., le comité de Salut public et la Convention n'avaient pas d'autre moyen que cette rigueur et cette inflexibilité de domination ; la dictature révolutionnaire avait dû tout plier, tout sacrifier, nous le répétons, aux nécessités suprêmes de la défense nationale ! mais les royalistes, à quoi prétendaient-ils donc en l'an III lorsqu'ils assassinaient les républicains, et en 1793, lorsqu'ils livraient partout la France aux coalisés ? A se venger personnellement du châtiment cent fois mérité que la République leur avait infligé ! A ramener chez nous l'ancien régime, le temps de l'arbitraire et de l'omnipotence ministérielle, de l'absence du droit, de la torture, des redevances et servitudes féodales, du parc aux cerfs, des lettres de cachet et du pacte de famine ! Et tout cela en vendant à l'Anglais et à l'Allemand, au Piémontais et à l'Espagnol, des lambeaux de notre pays ! L'énoncé seul de leur politique les condamne à jamais et les couvre d'une éternelle infamie.

De Maistre, qui a tant servi la contre-révolution en la systématisant, reconnaissait et proclamait à sa manière, en 1796, la nécessité et la légitimité du gouvernement révolutionnaire, lorsqu'il écrivait : « Qu'on y réfléchisse bien, on verra que le mouvement révolutionnaire une fois établi, la France et la monarchie ne pouvaient être sauvées que par le jacobinisme....

« Nos neveux, qui s'embarrasseront très peu de nos souffrances, et qui danseront sur nos tombeaux, riront de notre ignorance actuelle ; ils se consoleront aisément des excès que nous avons vus, *et qui auront conservé l'intégrité du plus beau royaume* après celui du ciel (1). »

Ainsi, pour le théoricien de la contre-révolution, c'est la terreur jacobine qui a sauvé la France et assuré son intégrité ; et contre qui ? contre les émigrés et les assassins de l'an III, qui proposaient son démembrement au profit de l'étranger, pourvu que celui-ci tolérât leurs représailles et qu'il les rétablît en tous leurs privilèges.

La démonstration est complète.

Nous sommes donc en désaccord, sur ce point fondamental, avec Edgar Quinet, qui, croyant sincèrement que la Révolution pouvait se faire sans violence et l'ancien régime s'en aller sans résistance, sans force coercitive, — nous demeurons, malgré sa logique, fermement convaincu du contraire, — blâme également les deux terreurs et dit:

(1) *Considérations sur la France.*

« Le système d'extermination avait changé de mains, il était resté le même. »

Nullement ! il n'avait ni le même but, ni la même inspiration, ni le même caractère. Le noble historien reconnaît d'ailleurs lui-même cette dernière divergence lorsqu'il dit encore à propos des massacres du Sud : « Ce fut un long *Deux-Septembre*; mais on s'épargna le simulacre de la justice populaire (1). Personne n'imagina qu'il pût y avoir un plaisir à sauver une victime au milieu de ces longues tueries ; car on y cherchait la joie, on la savourait lentement. C'est par là que la boucherie de la réaction se distingua le mieux des boucheries des révolutionnaires et de celles du *Deux-Septembre*, qui, du moins, n'étaient pas mêlées de rires et de chansons.

«..... Autre caractère de la terreur blanche, écrit-il plus loin : la frivolité, la moquerie jointe à la férocité, on découvrit des supplices ingénieux, comme d'ensoufrer les cachots. Le peuple avait été sérieux dans ses massacres ; les *honnêtes gens* ajoutèrent aux leurs les chansons et le ricanement. Ils bafouaient ceux qu'ils massacraient ; ils allaient joyeusement à l'assassinat....»

Mais pour avoir été bien moins intense sur d'autres points de la France et pour avoir perdu de sa force dans le Midi après les éclats que nous venons de relever, la contre-révolution royaliste cachée sous le masque thermidorien n'en fut pas moins étendue et persistante.

Il suffit, pour s'en convaincre, de jeter un coup d'œil, même sommaire, sur les témoignages déposés dans nos archives nationales.

Nous y relevons, en courant, ce qui suit :

A la date du 20 fructidor an III, le citoyen Leval, de la commune de Flavigny (Côte-d'Or), échappé aux assassins royalistes, envoie par écrit, au président de la Convention nationale, le récit des violences commises sur les patriotes de Flavigny lors de la dernière assemblée primaire, *pour les empêcher de voter* (2) ! Il dépeint leur situation critique et l'état d'oppression dans lequel ils gémissent ; il attribue cette réaction aux prêtres réfractaires revenus dans le pays.

Le 20 du même mois, le citoyen maire et les officiers municipaux de la commune de Sulhac (Corrèze) adressent à la Convention nationale le tableau fidèle des maux sans nombre qu'occasionnent les prêtres réfractaires dans toutes les contrées du Midi. C'est par la con-

(1) Nous doutons fort que Journiac de Saint-Méard ou de Sombreuil ait pris son acquittement pour un simulacre. — R.

(2) Cette tentative, de la plus haute gravité politique, fut employée, comme procédé électoral, sur une très grande échelle, par la contre-révolution; ce qui explique encore le caractère rétrograde des élections de l'an V.

fession surtout qu'ils opèrent, imposant à leurs pénitents et péni-
tentes, comme expiation de leurs péchés, la restitution des domaines
nationaux et des biens d'émigrés, damnant les mariages faits à la
mairie et bénis par des prêtres assermentés, les *intrus* ; discréditant
les assignats, ne recevant en payement que du numéraire, et récla-
mant impérieusement la restitution des ornements et trésors des
églises. — (Reçue le 22 fructidor an III, cette plainte n'était renvoyée au
Comité de Sûreté générale, auquel elle ressortissait, qu'un mois après.)

7 vendémiaire an IV, les patriotes de Bourg (Ain), proscrits par le
fanatisme royaliste et clérical, se réfugient auprès de la Convention
nationale pour se soustraire aux assassins qui les affament et les ex-
terminent. — (Très instructive et très longue pétition, couverte d'un
nombre considérable de signatures.)

Les patriotes de 1789, de la ville de Poitiers, réclament auprès de
la Convention la liberté de cinq citoyens persécutés et incarcérés trois
fois depuis treize mois, comme *terroristes*.

Même mois et même année, des militaires du 2ᵉ bataillon de la
60ᵉ demi-brigade de l'armée des Alpes, au camp des Brotteaux (Lyon),
se plaignent amèrement à la Convention nationale des vengeances
impunément exercées sur les patriotes par les parents d'émigrés,
royalistes et autres ennemis de la chose publique, dans le département
de Rhône-et-Loire, notamment à Saint-Étienne.

Ils demandent justice contre les assassins d'un de leurs officiers,
tombé sous la hache des meurtriers, protégés par les administrateurs
du département.

Ils supplient la Convention de reprendre son énergie républicaine
et de frapper les ennemis du peuple. Ils lui promettent de la seconder
de toute la force de leurs baïonnettes, qui ont plus d'une fois terrassé
les soldats des rois coalisés. Ils lui jurent dévouement et fidélité.

Le 10 vendémiaire an IV, des citoyens de la commune de Digne
(Basses-Alpes) envoient au président de la Convention nationale un
tableau navrant des horreurs commises par les prêtres réfractaires,
par les émigrés et par tous les royalistes sur les patriotes de leur
pays. Ils réclament le prompt secours de l'Assemblée en faveur des
victimes des ennemis de la République. — (Cette adresse est des plus
remarquables; elle peint, avec les couleurs les plus vives, les atrocités et les hontes de la terreur blanche, le massacre des prisonniers
républicains, la persécution des patriotes, l'oppression et les vengeances cruelles exercées par les prêtres réfractaires et les émigrés
rentrés en France sous de fausses désignations, avec de faux certi-
ficats et agissant sous la protection des représentants thermidoriens
en mission.)

Même mois de la même année, les habitants de Besançon (Doubs) dénoncent à la Convention les administrations réactionnaires nommées par le représentant Saladin. —(Plusieurs centaines de signatures.)

19 vendémiaire an IV, les patriotes détenus à Châteaudun, pour cause de républicanisme, réclament de la Convention justice et liberté.

3, même mois, lettre de Guesdon, officier de santé à Mortain, dénonçant à la Convention une section soi-disant « du *civisme* », de Caen, comme ayant pris des arrêtés contre-révolutionnaires, à l'exemple des sections Lepelletier et Vendôme, de Paris.

Idem, les patriotes détenus en la maison d'arrêt d'Uzès (Gard), emprisonnés sous prétexte de *terrorisme, au mépris des lois et des arrêtés des représentants du peuple*, sollicitent de la Convention un jugement qu'ils réclament en vain depuis six mois de leurs magistrats, *satellites de Jalès.*

11 vendémiaire an IV, les administrateurs du département de la Loire-Inférieure renvoyent à la Convention les arrêtés contre-révolutionnaires de la section du Mont-Blanc, de Paris, observant que la République est perdue si l'Assemblée ne réprime pas énergiquement de tels excès.

14 vendémiaire, les patriotes de Tonneins (Lot-et-Garonne), se plaignent à la Convention de la *terreur* exercée sur eux par les royalistes, nobles fanatiques et riches égoïstes. Ils sont persécutés et *désarmés* pour leur patriotisme et leur attachement à la République. Ils redemandent leurs armes, le bénéfice et la protection des lois républicaines. — (Signatures très nombreuses.)

16 idem, le Directoire du district de Valence dénonce à la Convention un arrêté contre-révolutionnaire de l'Assemblée primaire de Montélimart, auquel il a refusé de s'associer. Il se plaint du progrès de la réaction et des déchirements qu'elle excite. Il fait des vœux ardents pour que l'Assemblée arrive à triompher des périls dont la République est menacée.

16. — Les patriotes détenus à Nevers réclament leur mise en liberté.

Nous arrêtons ici ces indications, rappelant à nouveau combien nos archives nationales sont riches en témoignages de ce genre.

Encore n'avons-nous point parlé de la Vendée et de la Bretagne, où la chouannerie continuait de sévir; à ce point qu'en l'an IV, après la déroute de l'armée catholique et royale à Palluau, un soulèvement redoutable éclata dans le département du Cher ; que la terreur des chouans se répandit dans tout le centre de la France, jusqu'à Tours, Blois, Orléans, et que Sancerre tomba au pouvoir des rebelles !

Le foyer de l'insurrection était à Souesmes et Pierrefitte.

Le Directoire chargea le général de division Canuel, ayant sous ses ordres les brigadiers Michel et Desanfans, de réduire les ennemis de l'ordre public. Celui-ci pénétra dans Sancerre et refoula les chouans jusqu'à Bourges, puis il les culbuta et dispersa à Sens-Bauger. Leurs débris se reformèrent plus loin encore et se jetèrent dans le département du Loiret, brûlant, comme toujours, les maisons, pillant et massacrant les habitants, arrachant les arbres de la liberté, dévalisant les édifices communaux, installant partout des municipalités *révolutionnaires-royalistes*, au nom de l'armée catholique et royale.

A côté de ces masses plus ou moins fortes, toujours commandées par des nobles, ou par des émigrés rentrés, ou par des prêtres réfractaires, représentant ensemble le trône et l'autel, des chouans de bas étage, des compagnons de Jéhu ou du Soleil, arrêtaient les diligences sur les routes et détroussaient les courriers de la République et les collecteurs des deniers nationaux.

Il est aisé de comprendre, nous le redirons sans cesse, d'après le spectacle de ce désordre, quelle inflexible autorité, quelle main de fer la Convention nationale avait dû appesantir sur la France entière pour y faire accepter le nouveau régime, cette République devenue indispensable pour liquider les impossibilités de l'ancien et sauver notre pays du despotisme exterminateur et de la corruption délétère inhérent au système catholico-féodal, désormais parvenu à son entière putréfaction, et qui allait réduire la France au sort de la très dévote Espagne.

III

Toutefois, il faut reconnaître aussi que la Convention nationale (*Heu! quantum mutata!*), après le 9 thermidor, qui avait obvié d'une façon si brusque et si orageuse à l'abus de la dictature décemvirale, tomba dans l'excès opposé en détendant sans mesure et sans transition les ressorts du gouvernement révolutionnaire.

Avant tout, *il ne fallait pas rappeler les girondins proscrits*. Leur complète et subite amnistie constitua une faute des plus lourdes et dont les résultats se firent aussitôt remarquer.

En effet, les girondins étaient tous plus ou moins coupables *de trahison en face de l'ennemi* et de meurtres politiques. De plus, ils revenaient avec l'exagération des défauts et des vices qui avaient nécessité leur expulsion, et leur rappel servait de prétexte à la rentrée d'une foule de personnages équivoques, dangereux, assoiffés de réaction.

Ils furent donc bientôt un élément de perturbation dans l'Assemsemblée, déjà si troublée par les derniers déchirements, et l'occasion d'un changement fâcheux dans son orientation.

Les girondins apportèrent en effet à ce qu'on appelait *la plaine*, c'est-à-dire à la majorité, qui, avant leur rentrée, n'était pas encore décidément rétrograde, une impulsion qui la fît se rejeter en arrière beaucoup trop violemment : d'un saut, elle alla jusqu'à proscrire Cambon ! C'est ainsi que la Convention devint tout à coup aussi inexorable contre les insurrections révolutionnaires (germinal, prairial), et si clémente, pour ne pas dire plus, envers les attaques des monarchistes.

C'est là, d'après la complicité criminelle et incontestable des girondins avec le parti royaliste, ce qui amena l'épouvantable système de représailles qui sévit par toute la France, et particulièrement dans le Midi, pendant l'an III, l'an IV et l'an V, dont nous avons donné précédemment quelque détail.

Comme la très grande majorité des provinces était restée attachée d'habitude et d'instinct à l'ancien régime, cette faiblesse ou plutôt cette déviation de la Convention nationale devenait de plus en plus menaçante pour la République.

L'Assemblée ouvrit enfin les yeux, vit le danger, qui remontait déjà jusqu'à elle, et prit quelques mesures décisives... Elle décréta que dans les conseils des Anciens et des Cinq-Cents, qui étaient appelés, aux termes de cette constitution de l'an III qu'elle venait d'élaborer, à la remplacer elle-même, *les deux tiers des membres élus seraient pris dans son sein*, décrets des 5 et 13 fructidor an III (22 et 30 août 1795).

Or, ces mesures étaient tout ce qu'il y a de plus opposé aux principes démocratiques, puisque les mandataires du peuple y limitaient eux-mêmes sa souveraineté en matière d'élection ! Cependant elles sauvèrent la situation.

Aussi, par tactique et par intérêt, les meneurs de la réaction, les coryphées du royalisme, les La Harpe, les Cérisy, les Marchena et tant d'autres crièrent-ils bien haut, dans leurs clubs et dans leurs feuilles, en faveur du principe de la souveraineté populaire, méconnu, il est vrai, mais si heureusement violé par la Convention.

C'est, du reste, ce décret tutélaire qui amena l'insurrection royaliste du 13 vendémiaire, si vigoureusement et si utilement réprimée par l'Assemblée (septembre 1795).

Quant à la constitution de l'an III, elle manifestait des préoccupations identiques contre le retour des royalistes à la direction des affaires, *par l'action du suffrage populaire.*

D'abord, elle créait comme pouvoir exécutif un Directoire de cinq membres, dont les premiers titulaires *devaient être choisis parmi les régicides*, parmi les conventionnels qui avaient voté la mort de Louis XVI.

Ensuite, les deux Chambres, les Anciens et les Cinq-Cents, étaient nommées au vote à deux degrés, afin d'éviter dans *les résultats du scrutin la prépondérance rétrograde des campagnes*, et dans le seul intérêt de la conservation de la République, quoi qu'en aient pu dire les historiens démocrates. Toutefois, sous l'influence de la théorie et des préoccupations révolutionnaires, la constitution consacrait le renouvellement *annuel* et par tiers des deux assemblées, et du Directoire ou du gouvernement, par cinquième, ce qui était évidemment le côté dangereux d'une telle organisation. Il aurait certainement fallu fixer pour le renouvellement un temps beaucoup plus considérable, par exemple dix ans ! afin de subordonner suffisamment la nouvelle direction politique à l'esprit républicain. Mais les préjugés démocratiques qui dominaient la Convention elle-même l'empêchèrent de prendre cette dernière mesure de salut.

Aussi, vu les dispositions rétrogrades de la masse de la population française, surtout du peuple, les élections annuelles furent aussitôt et de plus en plus royalistes ; ce qui devint si menaçant pour le nouvel ordre de choses que le Directoire, sous peine d'abdiquer et de livrer la République, se vit obligé de faire le coup d'État du 18 fructidor an V, contre la légalité assurément, contre le droit des électeurs, dont la majorité voulait la monarchie, mais pour sauver la France des fureurs de la réaction et pour conserver la République.

Il n'est pas possible de trouver un exemple plus frappant des illusions que peut inspirer la théorie qui attribue au peuple la clairvoyance et la rectitude suprêmes en politique, et qui veut que les républicains restent désarmés en face des attentats des fauteurs de monarchie ayant la majorité électorale pour complice.

Pour le plus grand nombre des démocrates, cette sorte d'hallucination est incurable sans doute, puisque, après l'effroyable exemple d'incapacité et d'aveuglement que donna le suffrage universel en 1851, en faveur de Napoléon III, et, tout récemment, la sottise et la folie qu'il eut de s'engouer de l'ex-général Boulanger, on voit encore des personnes considérables contester au gouvernement de la République le droit et le devoir de ne point ratifier par l'autorité dont il dispose, ces aberrations funestes.

Voici ce qu'on peut lire, à cet égard, dans une brochure de **M. Henri Martin**, destinée à la plus grande publicité :

« Mais si nous étions vainqueurs au dehors, l'intérieur de la France était plus troublé que jamais. La réaction, vaincue naguère les armes à la main, en vendémiaire, par Bonaparte, avait remporté la victoire dans les élections. *Le peuple n'avait pas encore la pleine conscience de ses droits et de ses intérêts politiques.* Il votait peu et laissait des minorités disposer de son sort. Les Assemblées (Anciens et Cinq-Cents), non pas royalistes en majorité comme on l'a dit, *mais aveuglément réaction-naires,* semblaient marcher à la contre-révolution ; celle qui aurait dû être, *par son mode d'élection,* la plus démocratique des deux, les Cinq-Cents, avait été jusqu'à élire pour président le général Pichegru, *le plus perfide ennemi de la République.* L'esprit de parti repoussait, comme des calomnies jacobines, les bruits trop fondés qui couraient sur la trahison de Pichegru. Hoche, lui, connaissait trop bien cet homme pour douter de son crime.

« Il crut la contre-révolution imminente, si l'on ne prévenait les projets d'une faction dont il s'exagérait la force (1). Voilà ce qui explique comment cet homme si ami des lois, si ennemi de la vio-lence, a pu être entraîné jusqu'à approuver ce que la majorité du Directoire préparait alors contre la majorité des Assemblées, le mou-vement du 18 fructidor... .

« Il approuva donc, *et ce fut une faute* (2) ! »

Edgar Quinet va plus loin encore, à propos du même événe-ment :

« Le conseil des Cinq-Cents en vint au point *d'ôter au Directoire les fonds nécessaires aux dépenses les plus urgentes.*

« C'était l'insulter et le désarmer à la fois.

« A tant de provocations le Directoire répondit par le 18 fructidor, c'est-à-dire par la proscription de ses adversaires. Carnot et Barthé-lemy proscrits, les deux Assemblées investies, cinquante représentants arrêtés, traînés sur des charrettes à travers la France transie de peur ; les représentants déportés sur les plages de Cayenne, où un grand nombre devait mourir et illustrer de leur agonie les solitudes de Sin-namary ; les soldats maîtres des conseils, les journalistes exilés, la presse muette, le peuple indifférent ou terrifié ; l'épée à la place de la loi ; voilà cette journée de fructidor qui ouvre la porte toute grande au 18 brumaire et à l'Empire (3)... »

A cette phraséologie malsaine, à ces jugements absolument faux, opposons d'abord cette observation de Mignet :

« On peut dire qu'au 18 fructidor an V il fallait que le Directoire triomphât de la contre-révolution en décimant les conseils ; ou que les

(1) L'auteur en donnerait sans doute pour preuve le rétablissement de la monarchie, très peu de temps après, par Bonaparte et Louis XVIII ? — R.

(2) *Hoche et Bonaparte,* par Henri Martin, brochure in-12, Paris, 1875.

(3) *La Révolution,* t. II.

conseils triomphassent de la République en renversant le Directoire (1). »

La question étant ainsi posée, il n'était pas difficile aux républicains d'en trouver la solution.

Comment, les corps politiques nommés pour constituer le gouvernement de la République conspiraient sa destruction sous la direction d'un traître et d'un scélérat, le général Pichegru ! En cela, ils violaient la constitution même qu'ils devaient appliquer.

D'autre part, l'ensemble du mouvement humain, toute la civilisation, ce qu'on appelle aussi la *force des choses*, condamnaient absolument la monarchie et venaient de lui substituer solennellement la République comme étant la seule organisation compatible avec l'ordre et le progrès dans les sociétés modernes, c'est-à-dire avec leur existence même ; l'histoire et la raison s'unissaient pour reconnaître et proclamer que la République est au-dessus du suffrage universel, qui ne peut émaner que d'elle-même, et que le Directoire, issu, lui aussi, de la volonté populaire, avait un droit égal à celui de l'Assemblée et un devoir encore plus impérieux à défendre l'ordre républicain : et la doctrine démocratique, ses docteurs les plus compétents, les plus autorisés, osent prétendre et déclarer qu'il fallait laisser faire les majorités factieuses et criminelles ! et, dût périr la patrie, dût le gouvernement (qui assurait d'ailleurs ainsi les élections républicaines de l'an VI) manquer à toutes ses obligations de conservateur de la constitution jurée, il fallait respecter dans ses derniers déportements la souveraineté du nombre et ses attentats les plus criminels ?

Il n'est pas possible de trouver un exemple plus déplorable et plus éclatant de la fausseté de cette métaphysique, de ses dangers quant au gouvernement de la République elle-même, et de l'aveuglement de ceux qui la professent.

Aussi, à nos yeux, son accession morale au coup d'État de fructidor, quoi qu'en aient dit Henri Martin, Edgar Quinet et tant d'autres, est, pour le général Hoche, un titre mémorable, décisif, qui fera éternellement regretter qu'il n'en ait pas été l'agent et le bénéficiaire, au lieu de Bonaparte.

Donc, violant *les principes*, le Directoire envoya les conspirateurs royalistes qui encombraient les nouveaux Conseils à Cayenne, et il fit son devoir.

On peut le dire, l'armée, cette armée incomparable où s'étaient conservées les convictions et l'ardeur républicaines, sauva encore une fois ici la situation, comme à Valmy et à Jemmapes en 1792 ; comme

(1) *Histoire de la Révolution française.*

à Wattignies, Wissembourg, Lyon, Marseille, Savenay, en 1793 ; et elle n'ouvrit pas plus la porte au 18 brumaire, en cette circonstance, que les mémorables campagnes de l'an II ne préparèrent les guerres criminelles de l'Empire.

Si l'on suppute, outre les innombrables massacres de la réaction thermidorienne, les abominables excès de la *terreur blanche* en 1815, c'est-à-dire les horreurs qui accompagnèrent le rétablissement de la monarchie de droit divin, et qui laissent si loin derrière elles les fureurs robespierristes de 1794, on peut facilement imaginer les exterminations et les atrocités qui auraient eu lieu en France, dès l'an V, si le trône et l'autel y eussent été relevés.

Tel fut peut-être, en effet, le seul avantage de l'avènement de Bonaparte, c'est que, quels qu'aient été ses fautes et ses crimes, il empêcha que la restauration royaliste ne se fît en 1800, et servit ainsi de frein au mouvement de réaction qui, triomphant beaucoup trop tôt, eût étendu à la France entière, en les aggravant, les massacres qui eurent lieu dans le Midi.

Autrement dit, faute d'une théorie politique positive, qui indiquât alors et préconisât, en le faisant accepter, l'établissement d'une dictature civile, d'un gouvernement républicain *mis à l'abri des attentats du suffrage universel*, on ne put assurer le maintien de la République qu'au moyen de l'armée, ce qui était fâcheux, puisque cela pouvait ouvrir la voie à une usurpation militaire. A défaut d'une doctrine réelle, le parti républicain ne voyait pas ce qu'il devait vouloir et faire en politique ; au contraire, la doctrine révolutionnaire lui traçait une voie impossible autant que funeste, puisque le verdict du suffrage universel, qu'elle considère et proclame comme maître absolu, comme souverain, tendait constamment et de plus en plus au rétablissement de la monarchie. Devant cet état de choses, force est de reconnaître *que c'est son application qui a perdu la République* (1).

(1) Pour l'histoire plus récente et mieux connue de la chute de la seconde République (1851-1852), dans laquelle le suffrage universel a encore joué un rôle si désastreux et si actif, nous renvoyons le lecteur aux ouvrages justement estimés de M. Eugène Ténot.

DEUXIÈME PARTIE

CONSÉQUENCES PRÉSENTES

I

Que résulte-t-il de ce qui précède au point de vue de la politique actuelle? pourquoi avons-nous ravivé d'aussi désolants souvenirs?

C'est qu'ils ne disent pas seulement qu'on n'est venu à bout du nouveau régime, après le 16 germinal et après thermidor, que par l'extermination du parti qui avait fait la Révolution, et aucunement par la transformation en masse des républicains en monarchistes : ils portent plus loin.

Toute cette histoire montre, en effet, jusqu'à l'évidence, que la politique démocratique ou l'application des principes de la métaphysique révolutionnaire aux faits sociaux, à la conduite des événements, a constamment servi le mouvement de réaction violente que nous venons de résumer, et constamment nui à l'affermissement de la République.

Car le nombre des sans-culottes ou des patriotes, par la nature même des choses, d'après l'ensemble des conditions d'intelligence, de sentiment et de caractère indispensables pour faire des républicains, étant nécessairement limité, — il avait atteint son maximum à la fin de 1792, — et ce chiffre ayant été sans cesse en diminuant à partir de cette époque, par le fait de la guerre et des dissensions politiques, l'exercice du suffrage universel, les élections à tous degrés et de tous genres, administratives, judiciaires et politiques, ne pouvaient manquer de donner finalement la majorité, dans tous les postes électifs, y compris les Chambres législatives, aux contre-révolutionnaires, d'ailleurs encore déguisés en *démocrates*, et de tendre à ramener légalement la monarchie, ce qui aurait pu arriver dès l'an V, sans la résistance de l'armée, demeurée sensiblement républicaine.

Cela met hors de doute que la masse de la nation, « le peuple », soit par opposition de parti et divergence d'opinion, soit par ignorance et par inertie, par indifférence et par crainte, en un mot par infirmité mentale ou morale, *n'était pas pour la Révolution*, contrairement au préjugé démocratique.

Camille Desmoulins avait, du reste, très bien observé ce fait considérable, et l'avait formellement signalé aux Jacobins, dans un discours du 21 octobre 1791.

Toutes les institutions révolutionnaires, la constitution de 1791 comme celle de 1793 (an I) et comme celle de 1795 (an III), tendaient, du reste, au résultat que nous venons de signaler. En faisant émaner tous les pouvoirs du suffrage universel, et en réduisant, annulant autant qu'il était possible le gouvernement proprement dit, l'exécutif, elles avaient laissé le champ libre à la réaction, maîtresse des comices, et elles avaient assuré son triomphe par son accès légal à toutes les fonctions publiques, depuis les plus modestes jusqu'aux plus élevées, en un temps de lutte acharnée, où une autorité inflexible comme avait été la dictature du *grand comité*, — aussi ferme, sinon aussi arbitraire, — pouvait seule encore imposer aux masses le concours aux deux principales nécessités du moment : la consolidation de la République et le triomphe définitif de la défense nationale.

Aussi n'est-ce que par violation des institutions démocratiques, en août et septembre 1793, en vendémiaire an III et surtout en fructidor an V, aussi bien qu'en opposition à la théorie métaphysique dont elles étaient l'expression, et en dérogeant, par conséquent, au *Contrat social*, que l'empirisme élevé des Montagnards qui se rattachaient aux encyclopédistes et à Danton et qui ne se laissaient pas entièrement aveugler par la philosophie de Rousseau, put obvier à cet état menaçant des choses, notamment par la suspension de la constitution de 1793, remplacée par le *gouvernement révolutionnaire provisoire;* par l'édiction des décrets des 5 et 15 fructidor an III, portant que les deux tiers des membres à nommer aux conseils des Anciens et des Cinq-Cents seraient pris dans le sein même de la Convention ; par la répression de vendémiaire, écrasant l'insurrection royaliste, et surtout par le coup d'État du 18 fructidor an V, déconcertant pour un moment la réaction monarchique presque triomphante; aussi n'est-ce que par cette série d'inconséquences et d'infractions nécessaires, disons-nous, que la minorité de l'Assemblée nationale et le Directoire parvinrent, contre le droit démocratique *ardemment invoqué par les royalistes*, à éviter pour un temps la restauration du gouvernement de droit divin, qui, à ce moment, eût été l'application pure et simple de la terreur blanche à toute la France, comme instrument de règne, et le retour sanglant à l'ancien régime.

Il est bien vrai que toute cette résistance à la réaction royaliste et girondine n'aboutit qu'à l'Empire et ne parvint point à sauver la République ; mais, outre que celui-ci fut moins funeste à la Révolution et moins dur aux républicains que ne l'eût été la royauté légitime, pouvait-on et devait-on empêcher la dictature militaire, alors que l'armée était restée la seule force républicaine de l'État et le boulevard du patriotisme ?

D'ailleurs, ce n'est la faute ni de la Convention ni du Directoire si, par la mort des grands généraux : Hoche, Kléber, Desaix, Marceau, Championnet, Joubert, la direction de la société française échut à un type aussi étranger et aussi opposé que l'était Bonaparte à notre civilisation et à notre grand mouvement de transformation sociale et politique.

Mais quels enseignements plus immédiats, encore et mieux en rapport avec notre situation, pouvons-nous tirer de cette période de réaction si violente et si troublée ?

Le premier, décisif et sans réplique, c'est que les républicains d'aujourd'hui doivent être bien convaincus, d'après un exemple aussi cruel, de cet axiome historique et avoir sans cesse à l'esprit cette vérité : *que ce sont leurs dissensions de parti, leurs rivalités de groupe, leurs animosités et leurs convoitises personnelles, presque autant que les vices de la théorie et de la politique démocratiques, qui ont amené nos pères de 1793 à perdre aussi rapidement cette République qu'ils avaient portée si haut et dont l'édification leur avait coûté tant de labeurs et tant de peines !* L'union fait la force.

Cette ferme conviction devrait régir jusque dans leurs moindres détails les rapports publics et même personnels de tous les hommes politiques qui, de près ou de loin, appartiennent aujourd'hui au parti de la Révolution, quoi qu'il en puisse coûter à leurs habitudes et à leurs penchants (1).

Qui manque à cette règle par écrits, actes ou paroles, pèche par incivisme et commet un attentat contre la République, qu'il compromet dans la mesure de son influence !

En second lieu, puisque les royalistes, devenus si audacieux et si entreprenants sous un pouvoir exécutif désarmé, comme furent le dernier comité de Salut public de la Convention et surtout le Direc-

(1) Il est aussi pénible qu'irritant de suivre le développement souvent honteux et toujours inquiétant de la division des divers groupes et des personnalités en vue du parti démocratique, et il n'est guère possible de puiser dans l'observation quotidienne de ces déchirements et de ces compétitions si coupables, une confiance même minime dans le concours nécessaire d'éléments aussi divergents.

toire, qu'ils s'étaient presque rendus maîtres de l'État, se tinrent cois sous Bonaparte, envers lequel ils allèrent jusqu'à l'adulation et la plus basse courtisanerie, — « on n'est bien servi que par les nobles, » disait le soldat couronné (1), — il faut bien reconnaître aussi que la force ou le gouvernement proprement dit est indispensable pour déterminer le concours du public à un ordre social même des plus légitimes, ou ne fût-ce que comme moyen de défense ; et que « les principes » tout seuls, même avec l'aide de la presse et de la tribune, sont absolument insuffisants pour produire ce résultat, ou peuvent encore être tournés contre l'ordre de choses auquel il sont destinés à servir de fondement, ainsi qu'il arriva après thermidor, lorsque les royalistes, la majorité électorale de l'an V, invoquaient dans leurs gazettes, dans leurs pamphlets, dans leurs clubs et bientôt les armes à la main, en vendémiaire, la doctrine du *Contrat social*, la loi du nombre, contre le gouvernement républicain, c'est-à-dire contre la légitimité politique.

Pour compléter les lois il faut des volontés, a dit Auguste Comte, à propos de l'action des grandes influences naturelles, cosmiques, biologiques et sociales qui mènent le monde. Cela se vérifie surtout en politique, où il faut des efforts corrélatifs ou un gouvernement correspondant à l'état de choses conçu par la théorie.

Encore que le total des partisans de la République, en France, se soit considérablement accru depuis le Directoire, puisqu'il dépasse, à n'en pas douter, de quelque cent mille voix au moins, le chiffre le plus élevé des partisans réunis de toutes les monarchies ou du *N'importequisme*, la théorie métaphysique de l'infaillibilité populaire a reçu et reçoit tous les jours de l'expérience, — ne fût-ce qu'au 4 octobre 1886, — trop de démentis et d'atteintes essentielles pour qu'il soit sage et prudent de s'en remettre exclusivement au suffrage universel du soin de préserver de tout accident cette institution républicaine que nous devons tous considérer comme étant le palladium des libertés, de la vitalité et des destinées futures de la patrie française, ainsi que des intérêts fondamentaux de la civilisation générale.

Car, voyez la contradiction : la souveraineté du peuple et le suffrage universel, disent leurs meilleurs partisans, ne seront compétents et infaillibles, ne sauront ce qu'ils veulent et ce qu'il faut, que quand tous les citoyens auront été suffisamment *élevés*, éclairés et moralisés

---

(1) L'exemple le plus mémorable, en même temps que le plus déshonorant de cette platitude aristocratique, fut, s'il est véridique, celui de la mère du duc d'Enghien (un Condé!), qui, non contente de recevoir une pension de l'assassin de son fils, lui adressait chaque année une supplique indigne pour en obtenir l'augmentation.

par une instruction et une éducation nécessaire, que le gouvernement seul peut instituer et faire prévaloir; et, d'autre part, le parti révolutionnaire dans toutes ses nuances, condamne plus ou moins absolument l'action gouvernementale, l'autorité, et en poursuit ardémment la destruction, au nom même de la liberté et de la souveraineté individuelle.

C'est pourquoi, prenant en considération, d'une part, que la politique démocratique ou révolutionnaire pure n'est pas beaucoup plus propice de nos jours qu'au temps de la réaction thermidorienne au maintien et au développement de l'ordre républicain, et que, agent exclusif de destruction, le négativisme ne peut pas servir pour reconstruire l'ordre social et n'arrive qu'à organiser l'anarchie ou cette incorrigible tradition d'opposition parlementaire qui a pour effet et pour but *d'empêcher tout gouvernement;* considérant, d'autre part, que des conceptions nouvelles, à base objective et non plus seulement utopique, ont surgi, relativement à l'ordre politique, depuis la promulgation du *Contrat social;* enfin, considérant que ces conceptions, de nature positive ou scientifique, ont établi, par démonstration et non plus par imagination et supposition, au-dessus de la souveraineté du peuple, qui n'est qu'une création subjective et d'opportunité transitoire (bonne seulement à combattre et éliminer le dogme du *droit divin*), l'action des lois naturelles immuables reconnues propres à tous les ordres de phénomènes en général et aux faits sociaux et politiques en particulier, auxquelles la volonté populaire elle-même est étroitement subordonnée : telle, entre autres, que la nécessité d'un gouvernement pour toute société digne de ce nom, et telle aussi que la fatalité de la transformation de la direction monarchique en pouvoir républicain, à notre époque, pour l'Occident et pour la France en particulier, les patriotes devraient, aujourd'hui, rabattre de ces abstractions pompeuses et stériles, et s'en tenir, dans la pratique, à ce qui est exigé par les conditions d'existence et de développement de l'ordre républicain.

Il ne faudrait donc plus s'attarder, désormais, à chercher la solution du problème de la réorganisation sociale dans l'atténuation de plus en plus parfaite ou la suppression du gouvernement, ni s'obstiner à confier exclusivement l'administration effective de la Société à des corps élus, d'ailleurs irresponsables puisqu'ils représentent *le souverain,* qui n'ont et ne peuvent exercer qu'une action de contrôle, dépourvus qu'ils sont nécessairement et par nature de force réelle, d'initiative et de persévérance, d'unité et de continuité.

Le gouvernement seul, l'*exécutif*, a ces qualités, et c'est prendre l'ombre pour la proie, que de vouloir, de propos délibéré, l'anéantir sous prétexte de liberté (1), et ne chercher le moteur et le régulateur de la vie publique, la garantie de son fonctionnement et de sa durée, à l'intérieur ou à l'extérieur, que dans des pouvoirs *omnipotents et irresponsables* (Sénat et Chambre des députés), émanés de cette volonté populaire qui peut toujours émettre des choix aussi impropres qu'arbitraires et ramener l'imprévu.

En d'autres termes, il ne serait que sage, selon nous, d'armer fortement le gouvernement républicain pour la défense et le maintien de la République, en dehors des Chambres, indépendamment d'elles, et, au besoin, contre elles ou contre les vicissitudes du suffrage universel, c'est-à-dire s'il plaisait à l'Assemblée et à la majorité électorale d'un jour de renverser l'ordre politique actuel, seul conforme à la force des choses, pour nous ramener à la monarchie !

Il nous semble que même parmi les révolutionnaires les plus caractérisés on a eu l'instinct de cette situation et de cette nécessité, quand nous lisons dans le *Parti ouvrier*, sous la signature de M. Jules Jouy, une ode comme celle-ci, adressée aux « *Irresponsables* » qui ont voté, dans le département du Nord, pour M. Boulanger, prétendant militaire :

> Nombreux comme les grains de sables,
> Le nom du maître sur la peau,
> Regardez les Irresponsables
> Passer, là-bas, comme un troupeau.
> Dans cette foule, pêle-mêle,
> Le bœuf mugit pour son boucher,
> Le mouton naïf saute et bêle
> Pour le fer qui va l'écorcher.
>
> Marche, bon troupeau, marche !
> Au césarisme sert de marche.
> Pauvres bestiaux, sans le savoir,
> Allez, sans entendre et sans voir,
> A l'abattoir ! (*bis*).

(1) Qui dit société dit aliénation d'une portion de liberté individuelle en faveur de l'intérêt public.

Il faut opter ici entre la vie sauvage, ses *alea* et ses misères, et les avantages que l'on retire d'une association qui atténue si puissamment pour chacun de ses membres, le poids du milieu ou des fatalités cosmiques et vitales.

L'homme libre, isolé, indépendant de tout et maître de tout, *souverain*, est un type abstrait introuvable et irréalisable, absolument utopique.

Le bon sens et la science qui en est le prolongement systématique ne spéculent, en politique, que sur des réalités : la famille, la patrie, l'Humanité, dans leurs rapports réciproques et avec le milieu ambiant.

Ici, le problème se réduit à accorder entre eux le concours social et l'indépendance personnelle, afin de mieux modifier les fatalités extérieures et intérieures, notre situation et notre nature elle-même.

> Va, bœuf stupide, avance et beugle,
> Sans voir l'arme dans le fourreau.
> Va-t-en vers la mort, pauvre aveugle,
> Conduit par le chien du bourreau.
> Vieux laboureur de la prairie,
> Ami paisible du semeur,
> Là-bas, ce n'est pas l'écurie,
> Mais le marteau de l'assommeur.
>
> Marche, naïf mouton champêtre ;
> Va donner ton sang au pressoir.
> Les prés sanglants où tu vas paître,
> C'est le pavé de l'échaudoir.
> Saute et bêle, plein d'allégresse ;
> Mais prends bien garde à ton berger ;
> Car si ton maître te caresse,
> C'est afin de mieux te manger.
>
> Avancez tous, gogos stupides,
> Bêtes en quête d'un licou.
> Sous l'aiguillon, allez, rapides,
> A l'égorgeur tendre le cou.
> Mais ne te plains plus, quand tu bouges,
> Peuple qui fais des dictateurs,
> Si ton césar a les mains rouges
> Du sang de tous ses électeurs !
>
> Marche, bon troupeau, etc.....

On avait senti, reconnu cette nécessité de limiter le *Souverain*, lorsque, en 1884, on a introduit comme modification constitutionnelle l'interdiction faite aux congrès futurs, ou à la réunion plénière des Chambres, de rétablir la monarchie.

On commettrait donc une faute d'autant plus grave qu'elle deviendrait bientôt irréparable, si on ne prenait vite des mesures pour protéger la stabilité du gouvernement contre l'instabilité du parlement, pour assurer un lendemain au pouvoir exécutif *et faire de la défense et du maintien de la République sa première et principale fonction.*

On n'y parviendra ou à peu près, selon nous, qu'en subordonnant l'importance des Chambres à celle de l'État, et en réduisant les attributions exorbitantes de l'Assemblée, au vote et au contrôle du budget.

Un gouvernement civil, sans dieu ni roi, ni théologique ni militaire, par conséquent républicain, représenté par un président responsable chargé de maintenir énergiquement l'ordre, de seconder sagement le progrès, d'assurer à la nation la jouissance de la plupart des attributions temporelles et spirituelles enlevées au roi et à l'Église et accaparées par le Parlement ; un cabinet responsable envers le président seul, qui le nomme, le modifie ou le change entièrement, restreint comme lui à la gestion des affaires d'État, à la police générale, intérieure ou extérieure, — ce qui comprend la paix et la guerre, — respectant et faisant respecter toutes les manifestations de conscience réduites à l'exercice privé et à l'expression parlée ou écrite, liberté religieuse, liberté philosophique, liberté d'enseignement, liberté de réunion et d'association ; ne faisant sentir la force, la main du pouvoir, que pour le rappel au respect de la loi, pour la répression de tous les attentats contre les personnes et contre les choses, ou pour repousser les agressions du dehors et du dedans contre la République ; une Chambre chargée du vote de l'impôt et du contrôle des dépenses publiques, de la loi de finances et de la vérification des débours (attribution aussi considérable qu'indispensable) : tel est peut-être le seul moyen de sortir du désordre actuel, c'est-à-dire de l'abîme où les préjugés démocratiques entraînent la patrie elle-même.

Car on ne peut s'y méprendre : puisque la monarchie est devenue impossible en France, si on ne pouvait y établir la République, nous marcherions à la dissolution de notre groupement national ! *Il n'y a pas de société sans gouvernement.*

Nous ne disons pas que la chose va se faire, que l'événement va arriver, mais que l'anarchie aboutit forcément et graduellement à cette extrémité : à preuve, la Pologne.

II

Quelle est actuellement chez nous, de fait comme de droit, la légitimité politique ?

Qu'est-ce qui a obtenu, assuré, proclamé, transporté du roi à la nation la souveraineté politique ?

C'est la République.

Qu'est-ce qui a institué le suffrage universel et peut ou veut le maintenir ?

La République (1).

Néanmoins, qu'est-ce qui se dit omnipotent, fondé à se prononcer à tout instant sur la forme du gouvernement, antérieur et supérieur à la République ? Ce même suffrage universel qui ne peut recevoir que

---

(1) Nous savons par expérience que les Impérialistes, les dévôts de l'*appel au peuple*, jonglent avec impudence quand ils affichent cette prétention d'être les seuls partisans réels de la souveraineté nationale ; oui, ils acceptent le suffrage universel lorsque, maîtres de l'État par un coup de force, ils peuvent le faire parler dans leur sens, à leur service, au moyen des baïonnettes ; mais est-ce là ce qu'on entend généralement et sérieusement par l'expression de la volonté générale ?

d'elle son existence, et qui, sans cesse, prétend au droit de la mettre en échec et de la renverser !

Enfin, qu'est-ce que le développement naturel de notre civilisation française, — pour ne point parler de l'Occident, qui la partage cependant à un degré incontestable, — qu'est-ce que notre développement présent, en vertu d'impulsions sociales et politiques résultées du *processus* séculaire de l'intelligence, de l'activité et du sentiment, ces trois facteurs physiologiques de tout le progrès humain, évoluant sous l'aiguillon des nécessités intérieures et extérieures, corporelles et cosmologiques, a fait, à notre époque, de la royauté et du sacerdoce, de la guerre et de la théologie, de la féodalité et du catholicisme ou du protestantisme?

Quoi qu'en disent le Syllabus et les Encycliques, notre civilisation, de siècle en siècle, a fait déchoir au rang de forces descendantes ces organes sociaux provisoires, ces éléments fondamentaux d'un régime complètement épuisé, le moyen âge; et elle les a remplacées par des puissances nouvelles, ascendantes, spontanément et progressivement dominatrices, quoique non encore coordonnées dans la pratique, ni officiellement reconnues : *l'industrie et la science.*

C'est bien, en effet, ce régime nouveau, à base scientifique-industrielle, venant inaugurer dans le monde l'avènement simultané, connexe, des idées positives, des sentiments généreux et de l'activité pacifique, au lieu de l'antagonisme et de la fiction, que la conscience humaine a entrevu, convoité, poursuivi de siècle en siècle; l'antiquité romaine l'avait conçu, le catholicisme l'a vainement cherché, la Révolution française nous en a largement et glorieusement ouvert l'entrée.

Mais quelle politique, *quel gouvernement* peuvent correspondre à ce système définitif de croyances démontrables et de libre foi, d'ordre et de progrès, de sentiments humains, de mœurs policées appelant chez nous et au dehors, partout et pour tous, envers le passé, dans le présent et l'avenir, le règne de la fraternité? — La République, et la République seule (1).

Au point de vue philosophique comme au point de vue historique, en principe et en fait, la République est donc nécessaire, c'est-à-dire inévitable et indispensable, par conséquent *seule légitime :* inévitable, car elle est amenée par le développement naturel de la civilisation, qui abandonne comme provisoire et caduque la monarchie (empire ou royauté) dont le propre était de diriger le début spontanément *militaire* de notre espèce, tout monarque n'étant, originairement au moins, que le chef suprême de la caste des guerriers ; indispensable, car elle seule

(1) V. Auguste Comte, *Opuscules de philosophie sociale,* 1819-1828.

peut maintenir et développer la civilisation moderne dans des conditions normales de constitution, d'existence, de progrès, et assurer la prépondérance définitive de la science et de l'industrie sur la théologie et sur la guerre; légitime, car, seule aussi, elle est en rapport suffisant, aujourd'hui, avec le progrès spontané et l'ordre naturel qui caractérisent la société française, auxquels le régime monarchique, c'est-à-dire théologique et militaire, a cessé de correspondre.

Et c'est dans une situation qui se recommande et s'impose à ce point, en face d'une consécration fournie par l'évolution de l'Occident tout entier depuis le xiiie siècle de notre ère, lorsqu'on touche au but et que déjà s'entr'ouvrent les portes de la terre promise, que l'on viendrait, au nom de la théologie et du droit divin, irrémédiablement condamnés, aussi bien qu'au nom de la métaphysique révolutionnaire et du droit démocratique qui, par trois reprises, ont prouvé d'une manière éclatante leur impuissance à réorganiser, que l'on viendrait aujourd'hui renverser cet ordre supérieur normal et inévitable? nous rejeter cent ans en arrière, et nous ramener avec un Bourbon, au règne des croyances indémontrables et des pouvoirs indiscutables, au gouvernement des curés? ou bien, avec Philippe VII, nous rendre cette ploutocratie juste-milieu qui est tombée « sous le mépris public » le 24 février 1848? ou encore, avec Victor et Napoléon, nous ramener de Sedan ce césarisme qui s'est effondré de lui-même dans la boue et dans le sang, cette démocratie plébiscitaire, cléricale et despotique qui nous promet la fourche et le fusil pour faire parler le suffrage universel : *vox populi, vox dei?*

Écoutez plutôt le boute-en-train de l'*Union conservatrice*, au lendemain du 4 octobre :

« C'est la République seule, la République directement, que nous avons visée, que nous avons frappée au cœur.

« Nous sommes au commencement de la fin; et l'année qui va s'écouler verra de gros, de grands événements.

« *Légalement et sans violence, la République peut et doit tomber;* c'est acquis aujourd'hui, et la révolution pacifique, jusqu'à présent considérée comme un rêve, apparaît maintenant comme une réalité plausible et prochaine.

« A tout hasard faudra-t-il peut-être la pousser un peu avec la crosse d'un fusil ou le fer d'une fourche (l'écrivain bonapartiste s'inspire ici des souvenirs de la terreur blanche et de ceux de la chasse aux *Rouges* après le 2 décembre 1851) (1).

(1) V. Eugène Ténot, *Etude historique sur le coup d'Etat; la Province en décembre 1851; les Suspects en 1858.*

« Et les républicains ne nous feront pas l'injure de supposer que, si la légalité seule se dressait entre la France et nous ses libérateurs, ce fragile obstacle nous offrirait plus de résistance que n'en oppose le carreau de papier qui ferme la fenêtre du pauvre à la tempête déchaînée.

« Ce n'est pas pour telle ou telle politique, radicale ou bien opportuniste que nous avons combattu, triomphé, républicains mes amis ! C'est pour jeter bas votre gouvernement de malheur.

« *Nous ne l'avons pas dit comme candidats*..... mais, comme écrivain, moi je n'ai pas à me gêner, — et je ne me gêne pas..... »

Or, la déclaration de M. de Cassagnac n'est point une forfanterie; c'est l'indiscrétion, si l'on veut, au lendemain d'une victoire incontestable, d'un homme influent dans le parti qui représente et poursuit la contre-révolution, l'union conservatrice, la coalition des trois monarchies déchues ou de la ploutocratie contemporaine ralliée par le cléricalisme, par les jésuites.

Ce parti a un programme, qui fait sa force et son unité : *il exterminerait sans hésitation les deux tiers de la France pour asservir définitivement le reste à ses besoins, à ses intérêts, à ses plaisirs!*

Relisez l'histoire de la terreur blanche de l'an III, de la terreur blanche de 1815, de la terreur bonapartiste de 1851-1852, de la terreur plouto-cléricale de 1871 !... tel est bien le fond de sa politique. Il n'en a pas d'autre.

Au reste, il n'est pas battu, réduit; au contraire, il se gonfle, il approche, il ne cesse de combattre et tous les moyens lui sont bons, tous les masques : l'argent, les places, l'eau bénite, le libéralisme, l'absolutisme, le boulangisme, la philanthropie, le socialisme, la démocratie elle-même, comme tous les prête-noms : Ernest, Jean, Philippe ou Victor; car il lutte à forces égales, dans les campagnes, avec le boniment du relèvement national et de la prospérité des classes agricoles, sous le vocable de la sincérité du suffrage universel et de la liberté du père de famille.

Prenons garde !

La France et la République souffrent d'un mal profond ; sans parler de la contre-révolution, elles ont en face d'elles un péril majeur : la doctrine démocratique, qui n'est formée que de chimères, le parlementarisme, qui n'aboutit qu'à des impossibilités. Elles ne sortiront des sables mouvants de la métaphysique et de l'empirisme, où elles sont enlisées depuis si longtemps et malgré l'enseignement des faits, que par ce qui a manqué jusqu'ici au parti du progrès : l'union, la discipline, la réforme des mœurs politiques, une réelle connaissance des choses sociales, la science du gouvernement.

Si la démocratie française ne renonce pas bientôt à ses habitudes d'envie, de méfiance et de révolte, à la politique de passion, d'imagination et d'ignorance, qui sont le fond de sa tactique, si elle ne substitue pas résolument et de suite au mirage toujours décevant des solutions utopiques l'étude sévère des conditions d'existence collective, il est probable qu'elle ne tiendra pas longtemps contre le *quærens quem devoret*.

La contre-révolution s'est formée en régie, et le syndicat plouto-clérical, la commandite du N'importequisme, pour faire le jeu et retirer les dividendes, saura toujours choisir comme raison sociale celui des prétendants qui assurera le mieux aux actionnaires, au prorata de leur apport, le partage et la jouissance des bénéfices.

A ce jeu-là tout est possible.

CONCLUSION

Octobre 1888.

Cela était si juste et si vrai quand nous l'avons écrit en 1886, que depuis, le N'importequisme a trouvé son homme : « *le brav' général* », M. Ernest Boulanger !

Celui-ci, en effet, après s'être dit républicain, pour se populariser à gauche et prendre pied dans le gros des masses électorales, n'a pas tardé, par une oblique à droite d'abord équivoque, mais aujourd'hui parfaitement accusée, à devenir le *providentiel* des conservateurs (lisez contre-révolutionnaires).

Copiant, trait pour trait, le sauveur de décembre, sa tactique tortueuse, ses équivoques et ses mensonges, son charlatanisme et son impudence, et, comme lui, jouant son personnage à moitié civil et militaire (il en faut pour tous les goûts, pour toutes les forces) ; assuré, par l'exemple des Bonaparte, qu'un machiavélisme opiniâtre, l'absence de sens moral et une absolue confiance dans la bêtise humaine, une convoitise, une âpreté sans scrupules, ne reculant point devant le crime, peuvent tout sur un milieu social aussi profondément divisé que le nôtre, aussi ignorant et aussi aveugle dans ses masses profondes, aussi dépourvu de moralité, de convictions et de foi politiques dans ses classes dirigeantes : le nouveau prétendant s'est tout promis, il a tout osé ! et le voilà en passe de réussir...

Qui donc pourrait lui faire obstacle ?

Est-ce qu'il n'a pas pour lui tous les anciens partis, le trône et l'autel, tous les contempteurs et tous les ennemis de la Révolution, les riches, *les honnêtes gens?* Est-ce qu'il n'a pas avec lui le peuple? Celui des campagnes, l'éternel chauvin pour qui les leçons de l'histoire n'existent pas ; et une bonne partie de celui des villes, l'éternel utopiste que la froide raison ne convainc jamais? N'a-t-il pas encore, dans nos cités et sous un régime de suffrage universel, les grévistes, les anarchistes, tous les mécontents et tous les incompris de la démocratie militante; la masse électorale, en un mot?

Et contre lui, pour l'arrêter dans son crime, que voit-on?

Excepté quelques sages, à part une minorité *sincèrement, ardemment républicaine et désabusée de démocratie*, qui prévoit, vainement sans doute, l'avenir : il faut compter une administration impuissante ou complice, *bondée d'ennemis de la République;* un gouvernement lié, ficelé, réduit à zéro par les méfiances démocratiques et par l'application *des principes;* l'autorité publique avilie, désarmée, incapable de mettre la main au collet de ce nouveau prétendant et de le jeter, *comme les autres*, par-dessus la frontière.

Et que l'on ne crie point à l'invraisemblance ; il est certain que si, par un retour inespéré au bon sens et au devoir, on voyait quelque jour le gouvernement essayer de défendre la République, la patrie, la civilisation, contre les Enfants perdus du N'importequisme, on entendrait aussitôt la démocratie, reprise de son incurable vertige, crier au despotisme, protester à outrance et s'apitoyer sur le traître qui s'apprêtait à la décimer.

Alors, pourquoi donc et pour qui s'en gênerait-il ? A moins, je le répète, que les républicains n'ouvrent subitement les yeux ; à moins que le gouvernement et les Chambres ne s'entendent et n'avisent pour constituer immédiatement, par un effort commun, *un état de défense sérieux.*

Nos deux premières républiques sont mortes du suffrage universel, appelant de ses vœux, appuyant de ses votes le retour de la servitude; elles sont mortes par le fait d'assemblées équivoques *rendant tout gouvernement impossible* et se faisant complices du retour d'un maître ! la troisième, celle que nous tenons encore à cette heure, est en train de suivre la même voie, de glisser sur la même pente !

Puisque nous souffrons du parlementarisme à en mourir, il faudrait songer à nous en délivrer, à assurer définitivement la République en la mettant une bonne fois au-dessus du suffrage universel et en lui donnant pour sauvegarde le gouvernement lui-même : *primo vivere !* Car c'est bien réellement la république, et elle seule, qui représente, en politique, *la légitimité*, et non pas l'arbitraire et la licence indéfinis du suffrage universel, qui ne peut et doit être, au vrai, *qu'une fonction subordonnée.*

L'aveuglement de notre parti, sur ce point capital, m'a toujours étreint d'une mortelle anxiété.

Comment, dans l'ensemble des scrutins électoraux, les votes républicains ne dépassent que de 600.000 les voix réactionnaires (légitimistes, orléanistes, bonapartistes) ; il suffirait d'un déplacement de

300.000 suffrages plus un pour rendre la majorité aux ennemis de la République et amener, suivant les règles du parlementarisme, son élimination ! Et c'est dans une situation aussi précaire, lorsqu'on sent l'instinct populaire incliner au césarisme, quand tout le monde sait, à n'en pas douter, de quel poids énorme, spontané, pèsent sur le corps électoral la possession du pouvoir, l'attitude du gouvernement, et que si la direction des affaires revenait aux mains des monarchistes, du jour au lendemain l'immense majorité des électeurs retournerait à eux et plébisciterait pour eux ! C'est alors et devant de pareils faits que les démocrates ne savent témoigner que d'un besoin, que d'une passion, que d'un souci : réduire encore, annuler enfin le gouvernement républicain, c'est-à-dire briser eux-mêmes leur bouclier et leur épée, rejeter, de leurs propres mains, le talisman auquel est attaché le maintien effectif de la République ! Au lieu de renforcer l'État ils veulent le dissoudre et so trouver en face de leurs ennemis, de cette réaction acharnée, compacte, dévorante : émiettés, désunis, désarmés, nus, sans moyens de défense et de ralliement, vaincus d'avance par eux-mêmes... c'est le suicide ! Une pareille abdication ne peut être autrement qualifiée.

Voilà où mène la doctrine révolutionnaire, la recherche de la liberté absolue, de *l'an-archie*, qui arrive à priver de raison tant de citoyens dévoués.

Ce qui menace la République, ce qui la tuera peut-être, c'est la démocratie !

L'observation historique et les déductions de la science sociale montrent que la République est le gouvernement normal des peuples parvenus à l'état scientifique industriel, le système théologique et militaire, socialement épuisé, ne constituant plus alors qu'un état inférieur de civilisation, aussi arriéré que perturbateur.

Les nations qui forment l'Occident, la France surtout, sont mûres pour ce nouveau régime, tout à la fois rationnel et pacifique.

C'est là un résultat d'évolution, c'est-à-dire amené par l'action des lois naturelles propres aux phénomènes politiques, que les moins clairvoyants peuvent reconnaître aujourd'hui. *C'est le fait fondamental de la situation présente*, d'après lequel doivent s'orienter tous les efforts de la direction sociale, des gouvernements et de l'opinion publique.

La volonté populaire, le suffrage universel, qui sont sortis comme principe et institution de la lutte séculaire entre l'ancien et le nouveau régime, *ne sont que des procédés de transition de l'un à l'autre ;* ils doivent eux-mêmes plier leur souveraineté actuelle sous l'autorité supérieure qui résulte de la nature des choses, sous le poids des lois naturelles de l'ordre et du progrès humain, manifestées ici par six siècles d'efforts convergents qui exigent enfin la substitution de la science à la théologie, de l'industrie à la guerre, et de la république à l'empire ou à la royauté. En effet, la science comme l'industrie veulent des interprètes éclairés, des directeurs compétents, des serviteurs utiles, subordonnés et responsables, des fonctionnaires spirituels ou politiques appelés par leur moralité, par leur aptitude et leur préparation, à la fonction sociale qu'ils doivent remplir et qu'on ne saurait trouver dans les rangs des mandataires de Dieu, d'aucun dépositaire de la puissance arbitraire, absolue, indiscutable et irresponsable, maîtresse et dominatrice qu'est toute divinité. C'est à ces vues nouvelles et aux institutions qu'elles demandent, que nous devons tous, électeurs et élus, nous conformer sans retour, sous peine de maintenir la société dans des débats continus et funestes entre l'ordre et le progrès, cause fatale de nos déchirements, et à remonter sans cesse et vainement le rocher de Sisyphe.

Aujourd'hui, en France, le premier devoir de la Démocratie, chez les gouvernants comme chez les gouvernés, est donc d'admettre en principe et de faire passer dans les faits *que le suffrage universel doit être limité, quant à ce point, dans son exercice :* qu'il n'a plus à voter désormais, sur la forme du gouvernement ; qu'il n'est aucunement le maître de remonter, à cet égard, le cours des âges, de retourner à l'ancien régime ; et que le gouvernement doit être investi, le plutôt possible, de la puissance indispensable pour défendre par la loi, *manu militari*, l'institution républicaine.

En conséquence, au lieu de supprimer la présidence de la République qui doit constituer l'élément fixe, stable et continu de notre système politique et la représentation personnelle de la France vis-à-vis de l'Étranger ; au lieu d'en porter à rien les attributions ; au lieu de mobiliser aussi préjudiciablement le ministère, qui doit comprendre les collaborateurs les plus élevés du pouvoir exécutif, qui doit être choisi et nommé par lui, et n'être responsable qu'envers lui seul, sous peine de laisser la République sans direction et sans défense, il s'agirait, selon nous, à la prochaine revision constitutionnelle, de réduire l'omnipotence du Parlement, de le subordonner sous des rapports essentiels, fondamentaux, au gouvernement proprement dit, d'accommoder, en un mot, la Chambre à l'intérêt de l'État, et le régime représentatif au salut de la patrie, au maintien de la République, au développement de ses institutions, à l'achèvement de la Révolution.

ÉPILOGUE

28 janvier 1889.

Le nouvel élu de Paris a obtenu 244,070 voix; M. Jacques, son principal concurrent, 162,520; M. Boulé, candidat socialiste-révolutionnaire, 16,760. C'est-à-dire que sur les noms de *Jacques* et de *Boulé*, la République a réuni 179,280 suffrages, et que le N'importe-quisme, la coalition des anciens partis (légitimistes, orléanistes, bonapartistes, tous cléricaux), avec les mécontents, les ignorants, les aveugles, les *irresponsables*, a accumulé sur le nom de l'ex-général 64,790 voix de plus qu'il n'y en a eu pour le maintien de l'ordre de choses existant.

Du coup, voilà Paris électoral, réputé inexpugnable, qui est enlevé d'assaut par la réaction, perdu pour la République, momentanément il faut l'espérer !

On ne doit pas chercher à atténuer de pareils faits, mais à les expliquer, si possible, afin d'empêcher leur retour, ou d'atténuer leurs plus menaçantes conséquences.

Comment Paris, la ville avancée par excellence, qui nomme le ferme conseil municipal que l'on sait, et qui, en un siècle, a proclamé trois fois la République, a-t-il pu voter hier, à une si grosse majorité, pour le candidat de la contre-révolution?

Tous les réactionnaires s'y sont mis, dira-t-on ! — Sans doute, mais on en a le compte : 136,000 au plus. Il reste donc 108,070 suffrages à attribuer.

Ces 100,000 voix sont celles des boulangistes sincères, des vrais, des purs, des emballés, républicains faute de mieux, mais césariens avant tout, de ceux qui, par toute la France, réclament un maître, un sauveur, et nous poussent à la servitude, à la honte, à la guerre civile, à la guerre étrangère, à Satory et à Sedan !

Mais à quels éléments sociaux faut-il rapporter ces 100,000 boulangistes parisiens?

En immense majorité, ce sont des villageois, des ruraux qui désertent les champs pour venir chercher fortune dans la capitale, ayant entendu parler des *gros salaires* et des enrichissements subits : palefreniers, conducteurs de chevaux et voitures, journaliers, terrassiers, hommes de peine, mariniers, ouvriers de fabrique, de chemins de fer et du bâtiment, verriers, fondeurs, vidangeurs, garçons bouchers, gens des marchés, concierges, commissionnaires, regrattiers, camelots, garçons de café et de marchands de vin, commis de magasins, sergents de ville (en masse, comme un seul homme), balayeurs, infirmiers des hôpitaux et hospices, etc., etc., tout un peuple nomade, qui ne prend pas racine à Paris, qui en remplit les ateliers, qui en encombre les hôpitaux, les bureaux de bienfaisance et les cimetières, qui en prend la matière, le vin, la viande et le pain, les gros plaisirs et les vices, mais qui en laisse l'esprit et ne s'assimile nullement ou que très peu à l'élément urbain proprement dit, surtout à la vie politique, intellectuelle et morale de la grande ville.

. Voilà, en dehors des réactionnaires, le milieu électoral, le vrai parti, le troupeau de M. Boulanger.

A quels éléments démographiques, au contraire, faut-il rapporter les cent soixante et quelques mille électeurs de la République ou de MM. Jacques et Boulé ?

En majorité, à l'élément *fixe* de la capitale, à sa population manufacturière d'élite, artisans et ouvriers, mécaniciens de précision et autres, fabricants de l'article Paris, horlogers, bijoutiers, passementiers, imprimeurs, typographes, relieurs, décorateurs, graveurs, etc., en un mot à cette sélection que représente, avec tant de sens politique, dans la lutte sociale, le Parti ouvrier ; et à d'autres groupes encore : commerçants, ingénieurs, professeurs, avocats, médecins, artistes, architectes, savants, gens indépendants par leur fortune personnelle, en un mot, tout ce qui a conservé la tradition de la capitale, ses mœurs, ses goûts, sa culture, son affinement, le rattachement à son grand passé humanitaire et à ses aspirations d'avenir.

Il y a un moyen simple de voir si tout ceci offre quelque vraisemblance.

L'ancien Paris, tout envahi qu'il soit déjà lui-même par l'élément rural, a dû donner, si notre théorie est vraie, plus de voix à la République que les quartiers excentriques, et ceux-ci davantage à M. Boulanger ? C'est juste ce qui est arrivé, au point que la banlieue elle-même a voté plus mal encore que nos quartiers périphériques.

Le scrutin a donc été infiniment meilleur pour la République dans les arrondissements du centre, rive droite surtout, dans les rues Saint-Denis, Saint-Martin, du Temple et adjacentes ; c'est même le IIIe arrondissement, le cœur de l'ancien Paris, qui seul a donné la majorité à M. Jacques ; honneur à lui !

La démonstration nous semble complète.

Or, ce résultat de l'élection du 27 janvier, il ne suffisait pas de le constater et de l'expliquer après qu'il a été connu; il fallait l'entrevoir, le deviner et le prédire avant qu'il ne fût un fait accompli. C'est ce qui nous est arrivé. Nous l'avons annoncé avec détail *huit jours avant le scrutin*, à des amis qui nous ont ri au nez et pris pour un visionnaire; le dimanche matin (avant le dépouillement) j'avais affirmé le désastre avec une approximation suffisante.

Comment cela?

Voyant, par profession, beaucoup de petit monde, le connaissant, pénétrant dans son intimité, je n'avais pas pu ne pas être frappé de la persistance et de l'accroissement inquiétant du *culte* voué à M. Boulanger; partout, l'imagerie et les conversations m'avaient édifié : je voyais monter le flot.....

D'autre part, j'avais eu une participation assez active, sous l'Empire et sous la seconde République, à la campagne que les positivistes ont menée contre l'*Haussmannisme*. J'avais si bien vu, à son début, l'envahissement de Paris par les ruraux, les démolisseurs, qu'en 1869, j'avais écrit : « Au point de vue social et *politique*, le régime de la transformation immédiate (de Paris) n'est pas moins compromettant.

« En détruisant continuellement les groupements de quartier, en dispersant incessamment les familles, en faisant disparaître les édifices privés consacrés par la tradition historique pour les remplacer par des constructions banales, en supprimant les cimetières à proximité de la cité, *en étendant à l'excès la grande ville* (reculement des barrières jusqu'aux fortifications) *et y appelant indéfiniment des éléments nouveaux fournis par la province et par l'étranger, il anéantit l'unité de la capitale, sa continuité et sa solidarité, son homogénéité et sa coordination, en un mot, sa rectitude et sa puissance d'action* (1). »

Avant nous, un écrivain d'un réel mérite en économie sociale, Georges Duchêne, avait aussi parfaitement senti le phénomène, quand il avait dit, à propos de l'haussmannisme : « Les bouleversements dont Paris est l'objet depuis dix-huit ans sont un fait sans précédent dans l'histoire; ce n'est pas moins que l'expropriation en masse d'une cité, *avant-coureur de sa déchéance* (2). »

Cette déchéance! nous y touchons, nous y entrons en plein : c'est le boulangisme triomphant à Paris et de Paris par l'envahissement rural et cosmopolite, produit lui-même par le système d'embellissement à outrance et de transformation rapide de la capitale, ou par

(1) *Finissons Paris, Observations sur l'édilité moderne*, par le Dr Robinet, in-8°, Paris, 1879.

(2) *L'Empire industriel*, vol. in-12, Paris, 1869.

l'haussmannisme! C'est l'étouffement, le noyement, l'écrasement de la population parisienne proprement dite par l'invasion des Barbares.....

A Paris comme en province, c'est donc bien à l'élément rural, c'est-à-dire au plus grand nombre, sans comparaison, sinon aux plus éclairés, que Boulanger doit son succès, sa redoutable popularité : Jacques Bonhomme *le fait* comme *il a fait* Napoléon III; le phénomène est identique, et les conséquences seront pareilles (1).

Après tant de siècles écoulés, notre paysan a encore quelque chose des sentiments et des idées des compagnons de Brennus : *il aime les soldats; il ne comprend pas les abstractions; le goût du merveilleux lui est demeuré.*

Une République paisible et bonne enfant, s'essayant à la justice et au progrès, représentée par des Chambres et par la loi, ne lui dit absolument rien. Ce qui lui tape dans l'œil, ce qui lui va au cœur, c'est ce diable de cheval noir! ce fringant officier, ce roublard, ce finaud, ce rastaqouère politique, en même temps brav' militaire, qui le monte et le fait caracoler : chéri des dames, des curés, des comtes, des marquis, des princes, des démagogues, enfin de tous les prétendants, recevant de tout le monde et de toutes mains, et qui doit bientôt, c'est convenu, d'un simple coup de cravache, comme si c'était une baguette magique, résoudre la question sociale, ramener la prospérité, l'union, la concorde, reprendre l'Alsace-Lorraine, enfin porter au comble la richesse, la grandeur et la gloire françaises.....

Oh! cette République-là, Jacques Bonhomme la connaît, et parfaitement, pour l'avoir élevée sur le pavois deux fois déjà, en ce siècle... et vue crouler, deux fois aussi, sous l'effort victorieux de l'invasion !

C'est bien pour cela qu'il veut sa revanche.

L'empereur! Boulanger! mais voilà sa République, à lui....., il n'en connaît pas d'autre !

Là est le péril, le trou noir, béant, le dévorant abîme où poussent la patrie tous ces visionnaires rustiques, tous ces *Irresponsables;* car Jacques Bonhomme est électeur, grâce à la République qu'il va tuer. Il est la Majorité !

Dr Robinet,
Membre du Comité électoral républicain de la Seine,
Membre du Comité central républicain
pour l'élection du citoyen Jacques.

---

(1) Le 27 janvier, pendant qu'on le nommait à Paris, l'ex-général recueillait dans la Côte-d'Or, sans s'y être porté, 11,000 voix pour la députation; et il en sera de même partout dorénavant.